大展好書　好書大展
品嘗好書　冠群可期

大展好書　好書大展
品嘗好書　冠群可期

心靈雅集 72

普玄智 主編

# 佛心轉境得正見

大展出版社有限公司

# 序言

釋尊第二代祖師摩拏羅尊者說：「心隨萬境轉，轉處實能幽。」

人心被外界的萬象迷惑，而像走馬燈不斷的變化，不執著於外界各種事物的，就像行雲流水般，無心的處在人生的流水，無心、無我的心境才是自由無礙、幽玄微妙而不可測量，對應不斷變化的外界，心中若能省悟本心本性，不為喜悅或悲傷所動搖，且能若無其事的處在時代潮流的環境，心中無任何的執著。

佛教呼籲人們：成為有規律而喜悅於幸福的人，幸福並非為了個人，使別人也獲得幸福，才是真正的幸福，發覺這點時，幸福的生活便展開在眼前。

現代人無窮無盡地追求幸福，高度的經濟成長及科學的進步都是其表現。但是，人們仍不知滿足，繼續追求幸福而從不厭倦，而貪婪是會讓人毀滅、墮落的可怕東西，最近才被人們發覺它的可怕。

在這世界上，的確是討厭的事情比較多，可是既然非生活下去不可，則最重要的便是，如何將自己的態度來個大轉變，使得這個難以生活的人生，改變成容易生活的人生。

言語就像兩頭尖尖的利刃一般，當一個人絞盡腦汁，始終悟不透個中道理時，提醒他一句話，也許心中的疑惑，立即煙消雲散，迎刃而解。甚至能遠離妄想，不落偏執，而能明解正法，超脫世相的知識與理念。即具佛心的「深曉正見，妙識來果。」

本書主要以一般人為對象，全書無統一的主題，每一章節都各自獨立，讀者不管從那一頁開始閱讀都無所謂，甚至可選你認為適當的項目閱讀，也能充分了解其意義。旨在提供一個人生方向，設法讓讀者能夠心隨境轉，獲得正見，讓自己活得更有意義。

# 目錄

## 第四章 慈悲為懷……一六九

## 第五章　人生的價值

# 第一章　幸福的人生

# 1. 打開心眼

人類是由二種人所形成，借者和貸者。——蘭姆（Lamb）《隨筆》

若將對象分為二種，考慮為「A或B」，則頭腦可清楚作判斷。例如，善人或惡人，敵人或友方，有利或不利等的具體例子不勝枚舉。

該分類法雖然明確，卻時常具有忽略微妙的三不管地帶或危險區。

善人，有時也會有壞的企圖。至於惡人，有時也會有善行。同時，不會對任何人都以善人表現，而且也不會對任何人以惡人表現。

儘管如此，但「A或B」的概念，會讓日常生活更加便利。也可以說，人的出生本來就是如此單純，而且似乎也喜歡單純化。

有個笑話是這樣的。有位老婆婆在阿彌陀佛的尊前合掌說：

「我不想活了，活著也沒用。我的孫子瞧不起我，族人不管我，我活著一點也不快樂。你還是早日召我回去吧！」

她的誓願被寺廟裡的一位調皮小和尚聽見。小和尚便裝著聲音說：「好！好！

既然你如此說，現在我就召你回來。」各位或許以為這一位老婆婆會高興的唸佛號，感謝佛祖的成全。然而那位老婆婆說：「對不起！對不起！我說的話可不可以不算數，你還是遲些日子才召我回去吧！」

這笑話當然是虛構的，然而卻也點明了人的矛盾。有時不想活了，有時卻渴望長生。其實若進一步深思，則可以明瞭其實生死是由不得自己的。希冀長生不死，但卻有壽命之限，而若未到壽命之限時，即使想死也死不了，投繯繩子會斷，服毒會嘔吐出來，不能如願。

但是一到壽命之限，如親鸞上人所言：「睡覺時也會死去。生死的問題不能任憑自己左右的。因為在生命之上有一超越生命的佛心存在著。

若能警覺到過去日子不會再來，生命沒有第二次，則說話的口氣與思考的行為的方向必不同。因此，我們不要自以為是的認為「只有自己才可愛，才尊貴」，也許現在我們未曾自覺出自己的心底深處埋有佛心。自覺自己具有成佛的可能性的自己，才是最尊貴可愛的。透過如此的了解，才能深刻體會出「個人的生命不只是靠自己的力量便能生存下來，而是依靠著許多生命的支撐才得以生存」的道理。

# 2. 善知識指引

月暈會下雨——俗言

人的智商高低勉強不來，似乎取決於父母的遺傳，但依佛法來說，可以追溯更久遠的前世業力，而這種論點相當周密，相當徹底，但是，很高的智商或才華，絕對不等於正知正見，而是中性的存在，所以，若無善知識接引或指導，也可能成為大奸大惡，不可不小心……。

不論求學或待人處事，都不能目中無人，須知能人背後有能人，一山比一山高，仍要虛心學習，誠懇對人，活到老學到老，知識與德行永遠學不盡，而聰明人學得快，方便多，但也不保證，成就更大，德行更高……。

把木屐往上拋高高的，落下時是表面，表示明日是晴空萬里的好天氣；如果是背面，則明日將是煙雨濛濛的壞天氣。在當時，這是孩子們的遊戲之一。不過，在缺乏天氣預報的時代，流傳著許多有關天氣的預測。「晚霞是晴，朝霞是雨」「卯時降雨不穿蓑衣」「朝霧是雨，夕霧是晴」等等（卯時是上午六點左右）。

「月暈就會下雨」也是其一，實際上確實如此。所謂月暈，是在月的周圍有光環。我們的祖先長年以來不斷觀測自然，而且將體驗獲得的知識代代相傳。可是，現代人已逐漸遺忘那些知識。

過去日常上所體驗的知識或智慧，現在只能靠學習才能獲得。現代生長於都市的年輕人，已經喪失和大自然的溝通，人的精神面也變得索然無味。甚至變得容易發怒。現代人應努力培養恢復和大自然交流的嗜好，過著優閒自在的生活。

學佛的最起碼認識是，對佛、法、僧三寶懷抱最徹底的恭敬心，這樣才會竭力護持佛寺、佛塔、佛經和佛教聖跡，繼而熱心弘揚佛法，竭盡佛教徒最基本的義務。只知上寺廟燒香、禮佛、唱讚、做法會，而不知維護佛教遺跡是不對的。

當年，釋尊在菩提伽耶的樹下禪坐，之後大徹大悟，成就佛道，致使後來的阿育王才忍不住敬仰佛陀之餘，也會竭力護持那棵菩提樹，所謂愛屋及烏，連協助釋尊成道的樹木也得到讚嘆與禮敬，可知阿育王多麼熱心佛教事業。

而今國內寺廟多，僧尼也不少，經書到處流通，那是徒眾熱心促進的成果，但願持之有恆，維護社會祥和……。

# 3. 克制慾望

結婚和熱病恰好相反，是先發燒，再以惡寒結束。

——萊登堡《箴言》

「結婚以後，不會有人再約我了。」一副心有不甘的OL抱怨著。過去的她，時常有人邀請她吃飯、看電影、觀賞比賽……幾乎讓她應接不暇。

在這種狀態之下，開始讓她感覺自己在公司裡已經不再是同仁間的焦點了。

現在，已經是女性結婚後不會辭掉工作的時代了。可是，在這社會上，可能有很多類似結婚以後就不再有男性邀約她，以致內心備感孤寂的已婚OL。

這種事實和壓力，本來只有體驗者才能切身感受到。前輩是不會談到這一類問題，而且個人的想像力，在精神飛舞的時代（青春期）是不會那麼好的。

先人曾告誡，結婚是以惡寒結束；這對未婚者而言，只會接納為偽惡性的發言。同時，即使假設這是事實，也堅信唯獨自是例外的。

相信大家都贊同在正確的權利之下，應要求解放與自由。可是我們往往只追求「愛慾的解放與自由」而忽略了「克制慾望」的重要了。因此，便無法在正確的觀念下表達感情。如此我們又如何能真正體貼人、關愛人呢？

沒有愛為基礎單憑本能的衝動行動，稱為「愛慾」，在佛教是絕對禁止的。

最近婚姻關係也是如此，當聽夫婦新婚不久便鬧離婚的事情。從前尚視離婚為可恥，現在卻堂堂皇皇在報章雜誌甚至電視上公開宣布，實在令人感到悲哀。

有作媒經驗的人應該可以了解，兩人結合，是相當難得的緣份。因要攝合兩人，媒人居間須交涉多次才得以成功。

古人稱姻緣為「穿鐵鞋」，因鐵鞋無論如何也穿不破。緣份眼不能見，但某人與某人緣份早定，卻是躲也躲不掉，剪也剪不斷的一線牽。

過度追求愛的實體，猶如剝落薤皮一般，剝多了便一無所有。

想想兩人結合，確實是難以言喻的。分明認識相當多人，迷倒許多人，但莫名的緣份，使雙方終至結合。因此我們應該惜緣，減少夫婦間的勃谿與磨擦。本來之所以能結合是因雙方有緣份，然而一旦緣盡便該離別。可是若是不珍惜雙方的緣份，相互不肯付出努力，從不肯原諒對方，一旦嫌棄對方便想以離婚來解決問題，實在太不知珍惜了。

# 4. 賦存的真義

命運女神保佑勇者
——培路利酋斯《阿耶涅義斯》

有一句話，「贏習慣了」。一旦體驗到勝利之後，再嚐到勝利就不感覺很有趣。由於「勝利」已成習慣，因此根本不會想要失敗。實際上，失敗是「可能會輸」的危懼或不安，在腦際裡瞬間浮現的一刻，便注定失敗了。

擁有優勝經驗的隊伍和不曾經驗勝利的隊伍，在進行殊死戰時，以擁有優勝經驗的隊伍較占優勢。因為不曾經驗優勝的隊伍，在其心裡會存有「可能失敗」的不安。可是擁有優勝經驗的隊伍，在其心中會受到「可能勝利」的自信所支配。

勝、敗、成功、不成功的差距極小。所謂勝利，是不曾意識到負面，而且不被負面的意念所攪亂。如此之人，稱為勇者，而且命運女神向來會坦護勇者。

能了解這一番道理的人，就很容易成為勝者。

堅信生命非孤軍奮鬥，隨時有人在保護我們的想法，會產生極大的安定感。我們以為父母便是如此形影不離的與我們一同存在著。繼而隨著生命層次的成長，才更明瞭個人單薄的生命背後，有著龐大的生命力量在支撐著我們。

因此，年輕時所想的「我不需靠任何一人便能生存下來」，會逐漸消失。因為任何一人都會逐漸體會到獨自一人是無法生存的，個人的生命，須仰賴其他生命的輔助。這便是所謂的「賦存」。一旦明瞭「賦存」的真義，則心中必會充滿感謝。

《信心銘》中說：「迷生寂亂悟無好惡。」人有了辨別心之後，就會產生迷惑，被寂和亂，亦即靜和動所支配，如果沒有妄想辨別而省悟，就不會有好惡的感情，因此，雖然是同樣的事也能明確的判斷。

諺語：「幸福與不幸，都是掌握在自己的手裏。」

德國也有一句類似的諺語，「幸福由自己支配，不幸靠自己去克服」。

然而幸福是抽象的，它只是一種感覺，光看個人如何去體會它罷了。

人生的幸福就是這般難以詮釋；如果您把它當成一種目標，將會為永遠也無法到達而萬分痛苦，也就失去了追求幸福的意義。

別當它是個目標，它只是歷經了人生的磨練之後，自然感受到一種發自內心的喜悅。不明白其中道理的人，恐怕終生都無法掌握幸福的訣竅。

# 5. 天無絕人之路

相信自己命運者才是好運者
——德國諺語

據悉，知識層次愈高者，愈不容易治癒其疾。理由在於不會無條件地採信醫師的每一項指示。這是因為凡事持疑的習性或知識使然。

傳聞疾病最容易痊癒的是，絕對信賴醫師的女性。一旦被指示「只要按時服藥，保持安靜，即可痊癒」，便相信其言，在此瞬間已開始幻想自己病癒的狀態。

人的處境會因心態而異。傳聞，以麵粉作成胃藥給患者服用，可相當比率的改善此胃病，因此信者才能獲救。

命運亦同。相信自己的命運是好的，命運就不會辜負所願。結果，便成為好運的男人和好運的女人。如同不相信他人，他人就不相信自己一般，不相信命運，命運就不會造訪你。

人往往因怕困難而裹足不前，或者因多一事不如少一事的想法，使自己不敢輕易跨出腳步。殊不知不把握發揮能力的機會，即使有著得天獨厚的才華，也只有任憑它在安逸的環境中，點滴地被抹煞。

勇於實踐的人，在橫逆當中會更激起克服的勇氣，愈遇到困難時，愈能把自己的力量發揮到極限，甚至超出本能的力量。

擬定的計劃要全力以赴，不要停頓，縱使其間有許多挫折或障礙，也不能中途改向，世間的各種成果不是屬於某一人的專利，有為者都能獲得，關鍵在自己能否明白因緣，肯不肯種善因而已。

俗稱「天無絕人之路」，切勿因為眼前有困難，便馬上心灰意冷，而不去設法突破。若要達到目的，眼前方法行不通時，實不宜立刻放棄，不妨另想他途，窮則變，變則通，坐困愁城，決非善策。

總之，路是靠人走出來的，只怕你不去走……。

飛躍的人，可說都是勇於做自己想做的事。

還有善巧方便也值得嘗試，倘若執著僵硬，肯定死路一條，一切事在人為，成功不曾從天上掉下來的。遇到挫折時，只有坐著等死才是不智之舉，學佛的人要用機智去破解，追求成功才是。

# 6. 人生的伴侶

戀愛比財富或財產強，可是，戀愛尚須憑恃些力量。
——普列佛《馬嫩雷斯庫》

法句經（六一）說：「旅途中若無法遇到勝於己，或同與己的人，不如決心獨行，勿與愚者為伴侶。」

俗語說「旅途要有伴侶才好」。因為自己一人旅行太寂寞，同時很不方便。例如，上盥洗室行李太多，渴望有人幫助自己照顧行李。

但是，所結的同伴須值得信賴，若不值得信賴，當你去盥洗室時，說不定行李全部被帶走。所以，不便與這種人同行，還是單獨一人較恰當。

釋尊以法句經第六一首的「旅之道」，為比喻說「有關人生之旅的伴侶」。像觀光旅行般輕鬆的旅程，我們會與互相投機的友人結伴同行。有時又覺得不太滿足，因此，渴望在談話中，能從他人得到教訓和知識。

所以說「無法遇到勝於己，或同於己之人」，不如「獨行」較好。

「為了使這一次的戀愛成功，願意拋捨一切」。戀人的心情就是這樣。金錢、財產、地位都可以不要，一意只想戀愛成功。

如此追求的戀愛果真成功時，是否一切皆能順利進展？其實不然。由於如此，才會讓人備感困惑。因熱戀而結褵的二人，結果不久即離婚的事實，比比皆是。以為最初的結婚並非出自真實的愛而離婚，其後發現真實的愛而再婚，結果依舊步上離異之途。

當然，理由是無奇不有。但是，其中之一是經濟問題。欠缺生活力的人也會戀愛，只是容易陷入三餐不繼的困境。亦即，戀愛和生活是迥然不同的。

不了解人生的人，會頻頻犯下這種錯誤。除非擁有搖錢樹，否則不可將戀愛和戀愛生活、結婚和結婚生活混為一談。

英國的哲學家哈米路德路：「在人類身上，最偉大的東西就是精神力。」最後的結局，永遠都是具有強大精神力的人才能獲勝。奮戰不懈的精神就是人生勝敗的關鍵。因此，要隨時加強精神的鍛鍊。

在我們生活中，會受到各種事情的束縛，而有八萬四千種的煩惱，所以，需要培養清除煩惱的能力。

# 7. 勇於嚐試

金錢會使一切不平等成為平等。
——杜斯耶夫斯基《未成年》

凡是能用金錢買到的，任何人只要拿出錢就能買到。兒童能買得到，甚至無論身高的高矮，也能買得到。完全和國籍或職業沒有關係。

因此，金錢具有讓社會的限制或不平等導向平等的作用。不過，仍只限於能自由使用金錢者。

金錢是無處不通，因此，在富者和窮者之間便產生不平等。亦即，不是人人都能自由使用金錢，結果有人能如願以償，有人無法一償宿願。

「學問會讓一切的不平等成為平等」的情形相同。學問雖有克服家世或財力的要素，但並非人人皆有相同的學力。於是，又產生新的不平等。

金錢也具有對抗家世和學問的可能性，但事實上，金錢也會有所差別。人人亟欲擁有財富，並非為了獲得平等，而是亟欲演出對自己有利的不平等條件。

日本經營之神松下幸之助說：「擁有堅強意志的人，在經濟愈不景氣時，他愈懂得生財之道。」

懂得經營策略的人，賺錢自然是無話可說。但一個事業成功的人，必然會深深地體會這句話，除了精明幹練之外，還需要有堅強的意志。

通常意志不堅的人，其行為很容易受到別人的影響，而隨波逐流。也就是說，當每個人都走左邊時，他就無法堅持走右邊的意志。

這種行為，乍看之下似乎很安全，因隨時配合社會的動態，作符合常理的變化。但這種趨附流俗的作風，在社會動態穩固時，個人自然不會面臨問題。然而一旦局勢動盪，或社會型態改變，這種沒有自己原則的人，將無絲毫抵抗的能力。

那些成功的人，往往都是得利於臨危不亂，在遭遇挫折時，堅定的信念往往是力量的泉源。因此，不管在任何一方面，任何環境，他們都能獨占鰲頭。

俗語說：「山窮水盡疑無路，柳暗花明又一村。」如在困境中仍能堅持自己的信念，往往會有意外的收穫。

換句話說，只要是正確的，問心無愧的，那麼就無須介意別人的眼光，以堅定的訓練，勇於嚐試，而使自己在不斷的歷練中成長。

# 8. 可貴的生命

人生感意氣，功名誰不論
——魏徵《唐詩選》

俗謂「人老閱歷多」，這意味著經驗確實寶貴，人的年紀愈長，經驗愈豐富。可是，年紀愈大所得的是平衡感覺，或某種精打細算法。事實上，並非如此即可產生嶄新的世界。

當然，不知精打細算或平衡感覺的人是很難自處的。但是，人生的意義唯有突破該境地，方可獲致。若未感受到超越精打細算或平衡感覺的某種感動，就絕對無法恍然大悟，開闊視界，同時無法確實感到「可貴的生命」。

在人生上，出現感意氣的人，可比擬為奔往外太空的火箭點火。如此一來，方可獲得朝向未來的強力推進力。在該心境之下，會感覺名、財富、功名心等一切都微渺不足道。所謂感意氣，意指魂可飛翔。感意氣，是共有飛翔靈魂者也能互相結合。無論飛至荒野，或救濟人類、地球都是值得讚許。

「知程度」，是人才能知道「知足的睿智」，確實，釋尊常教導我們知足，不只限定於食慾的知足的信念，對於一切都能守知足的信念，那麼，人的精神就會很健康，很充實。

如果不知足，超程度，希望就會變成慾望，金錢、名譽和地位的慾望，就容易受誘惑。不知足的人，慾望會不斷擴展，而無限制。慾望強的人，就像要折斷嬰兒的手一樣容易，所以說易受誘惑，「強吹之風，吹倒弱樹」也就是這道理。

自己的慾望除了自己可節制外，無人可幫忙，像交通工具每日加快速度，隨著剎車器也愈來愈進步。

我們的經濟生活比起以前來，水準高出許多，想要有什麼就有什麼。由於如此，慾望要有強烈的控制作用。如果汽車只經過精密的檢查，就可以發現剎車器的故障，可是找尋人心的剎車器機能的衰敗，卻是不容易。

現在我們容易忽略慾望，努力提高知足的睿智，適當控制慾望，法句經的詩句寫道「心信，要努力」這意味著須「鞏固知足的信念，學會知足」的需要。

「心理充實之人」才不會被慾望所誘惑，邪惡之手無法引誘。常說人要有耐性，因為沒有耐性及恆心的人，最受邪魔誘惑。

# 9. 健康的正見

一個噴嚏被罵，二個被讚美，三個被笑，四個會感冒。——俗言

打噴嚏是一種生理現象，所以即使在人前也很難克制。可是，與其在結束後才說「失禮」或「抱歉」，不如擁有本節開頭的知識，才能讓其後的會話更加順利。

如果巧妙地將話題轉為「咦！是否有人在罵我？」「哦！很稀奇，居然有人在讚美我」等等，會讓當場的氣氛變得很自然。

當然，生理現象是很不可思議，絕不會感覺自己的口水或鼻涕很骯髒，但對方就會急著遠離，眼不見為淨。即使打噴嚏的人，立刻用手帕摀住鼻子、嘴巴，一樣會讓人產生污穢的感覺。何況來不及用手帕摀住噴嚏時，反而會讓手掌、手指頭濺到口水，如此一來，豈不更髒。

那時候能轉變話題說，「三個噴嚏正表示有人在竊笑我」，對方的關心事自然從生理現象脫離。

人知性有病，黑白色彩無法區分當然不行，但是如果無法判斷善惡，更嚴重。

加上自以為是，過份自信，以為他人的意見都不好，而不願接受，為愚痴的象徵。迷入於愚痴的狀態之下，當然無法「達成真實」。

愚痴並非錯覺，錯覺是「想錯」，但遲早會發覺自己看錯誤。但是，愚痴比想錯更惡質，「獨斷」有些想法，不改變自己的想法，想去除迷惑相當不容易。

愚痴表示知識有病，雖然是一種可治療的病，但是如果能事先預防，才是更好的方法，平常多留意精神健康，心神亦要營養，一有機會就要多多吸收精神糧食。

健康的想法，稱為「正見」。但現代人習慣合理的思考，可以說被合理的想法所毒害。認為理性的思考才是最好的；而認為不合理的，都捨棄不顧。其實這世界所發生的事情，並不能一切合理的解決。

與合理相對的是不合理與非合理。不合理與非合理相似，但並不一樣。不合理是不合道理，有矛盾之意。

非合理是以理性的思考無法掌握的超越理性的哲學用語。當然我們不相信有矛盾不合理的事，但是若想以超越理性來理解事實的理性，是既勉強又愚昧的行為，佛教用語將此情形稱為「以不可思議（以道理思考無法了解）」，來勸戒我們。

# 10.「託福託福」的人生

生生世世父子情。
——《大悲經》二

每一個人都非根據自己的意願而來到這世上，想想看，便會明白，我們都是先有一個男性和一個女性做為雙親，然後才生為這個家庭中的第幾個兒子或女兒。

不管我們如何叫嚷「這樣子的雙親真是討厭！」「我不要當男生！」「我不要當女生！」既然已經被生下來了，現在想改變已是不可能的了。

彼此的父子或母女關係都是前生註定，因果業報所使然，既然有這層深厚的親密因緣，雙方都要努力珍惜，在生生世世的輪迴中保持善緣。

例如在有生之年，父慈子孝，雙方扮演父親和兒女應扮的角色，千萬不要互相傷害對方，或彼此成了冤家或仇怨對象，硬將善緣扭曲為孽緣，就會造惡業，以後的惡因惡果就夠受了。

非僅如此，夢和希望破滅，因而墮入失意的深淵的人所在多有，因此，好幾次都覺得「與其如此，不如死了的好」。

可是，不管宗教上如何鼓吹死後的世界是個理想的世界，但是，卻沒有人敢許下保證。誰也不敢說死後便能得到幸福。

那麼，在這樣的人生中，人類活著的意義究竟是什麼呢？

最要緊的是，我們每個人都必須自覺到——每一個人的人生「都不可能再重複一次」，而且「沒有任何人可以代替別人過人生」。

佛教創始者釋迦牟尼，在誕生的瞬間高聲宣言的一句話「天上天下、唯我獨尊」，便是一個最佳的表現。

這句話並非釋迦牟尼佛認為「我是最偉大」的意思，而是代表「我是被賦予誰也不能侵犯的尊嚴而來到這世上的」。人類並不因為所出生的家或血統而有所差別，卻都擁有完全平等的權利和價值。

亦即，不要去想「我為什麼要出生呢？」而是應該想到「真好！能生為人類」，如此我們的一生才能生氣勃勃地閃耀著光輝。

人類的死亡率是百分之百，在某個時間裡，我們都必須向這個世界告別。但是，不管這一生是怎樣的情形，我們終究要辭世，當想到這兒時，最重要的，便是把自己的一生過得自己可以說聲：

「我能生而為人類真是太好了！真是太感謝了！」

讓我們正視「死」這個嚴肅的事實，不是要逃避，而是要超越，只有這樣，我們才能穩定地走完剩下的人生。

我老早聽人說　死亡之路是必到之路　可是我從未想到　究竟是今天或是明天

為了不在死亡接近時才愕然地吟唱這首歌，在我們每天的生活中，都要抱著如下的心境度過。

託福託福！今天一定又過完了。

這世上所有的現象都是有開始便有結束，所以人類既然出生，在某個時候便得死亡是理所當然的。而在死亡來臨之前的每一天，要怎麼渡過有意義的每一日——就個人而言，其內容都不一樣才是最重要的。

「花無百日紅，人無千日好。」在長遠的人類歷史中，雖有無數的人凋零了，可是至少在每一個人盛開的期間，要能精神十足地綻放，那才是度過有意義人生的唯一方法。

# 11. 珍惜一期一會

惜福惜緣好榜樣。
——《賢愚經》十三

有句話說「聚會是離別的開始」。的確，在我們的人生當中，常會有許多意想不到的邂逅。自己根本完全不曾料想過，卻在某個地方遇見了某個熟人，然後說聲：「啊！真是巧合！竟會在這裡遇到你。」

但是，我卻要說這世界沒有所謂的偶然。

之所以會到達那個地方，完全是自己的雙足交互運動才走過去的，對你自己來說，全然是必然的事。而相對的，對方也來到同樣的場所，那對他來說，同樣是必然的。

只是大家都不知道自己和對方剛好在同一個時間來到同一個地方罷了。就此意義上來看，這乃是必然和必然的遇合，而對人們來說，看起來卻像一個巧合。而不管是如何看似偶然的一場邂逅，既是相遇了便必然會有別離。

這便是在佛教中經常提到的「因果報應」，也就是因果的法則，原因與結果之間的關係是相當明顯的。

仔細地深入思考一下，便會發現人生必定是先有原因才有結果。如果沒有原因，不可能會突然地出現某個結果。就此意義來說，分離是因為有了相遇才能成立的。死也是因為有了生才發生的。

以前，曾經聽過一個印象非常深刻的故事。有個人失去了自己的子女而異常地悲痛。這時有個來慰問的人對她說：「你雖因失去了子女而傷心，可是你至少仍留有他活著時的記憶不是嗎？雖然只有這些也是幸福的。像我，連一個子女也沒有，甚至連回憶都不可能。」

從側面聽來這個故事，深表同意。

之所以非與這個子女分離不可的原因，是因為你與他相遇了，也就是因為你生下了他。相反地，如果子女沒有生下來，便不會有所謂的死。

我們自生下來到死為止，每天每天都會碰到一些人，然後再離別，而每一個為了與我們相遇、分離，在我們之間需要有多深的因緣。這麼一想，便能體會到「一期一會」這句話的重要性了。

亦即，儘管說聚會是離別的開始，可是既知有離別，那就非更珍惜彼此的相遇不可了。人類並不能正確地預知將來會發生的事，所以，常會有偶然的感覺。可是仔細一想，就會發現，事實上產生這些偶然的原因，每一個都是我們自己本身所製造出來的。

對於在這世上，我們每一天所遇見的人，或碰到的事，絕不能因為今日就會分離而忽視了它們，相反地，應該要以一種珍惜的心情來渡過我們的一生。

年輕人常抱怨父母的自私，讓我出生在這個世界。但如果覺得人生快樂時，就會感謝父母讓他出生在這個世界。所以，需要徹底改變自己的想法，對任何事都能心存感激，心中無任何的執著。

世人投胎到誰的家庭，成了誰的子女，都有前世因緣，所以，感恩心是三世連貫，今世相逢相扶持都有因緣果報的法則存在，學佛要領悟這一點，而後善加珍惜，彼此再造善因善果，才是好事一樁。

緊緊抓住你的夢，在內心深處留下一個地方；安靜、秘密。讓你的夢可以來去自如；成長、茁壯。

# 12. 常保六根清淨

心已去污，善守戒，整好自己，行真理。——《法句經》十

眼能看故得眼識，耳能聽故得耳識，鼻能聞故得鼻識，舌能品味故得舌識，身體能接觸東西故得身識，意能思考故得意識，產生這六識的根源，故稱其為六根。

調制六根，順從正道的教示，我們應該明白，正意味不散亂。

我們每個人都具備六種感覺器官。即是眼、耳、舌、鼻、皮膚、心。這六種感覺器官我們稱之為六根。而因為擁有這六種感覺器官，我們才能自由地過著日常的生活。

但是，儘管具備六種感覺器官，如果這六種感覺器官沒有對象的話，也不可能會發生作用。

也就是說，我們的六種感覺器官，每一種均各有其對象。

眼睛所能看到的有形狀和顏色；鼻子可以聞到的是氣味；舌頭負責味覺；耳朵則是專司聲音；皮膚則有觸覺。

而問題所在是心的對象。我們擁有心，而心的對象乃無限大。例如，身在台灣卻可以想見美國；身在地球上卻能想像嫦娥的容貌。

這麼一想，心的對象便無止境地擴大了。當然，過去我們不曾經驗過的事，或是完全不曾出現在小說中的情節，無論如何我們也很難隨意揣測。而不管怎麼說，我們所擁有的六種感覺器官共有六種對象。

但是，並非有感覺器官、有對象就夠了。為什麼呢？因為除此之外。還必須我們接受並成為自己的意識。具體而言，我們因為具有耳朵，所以可以聽到聲音，可是如果我們沒有「自己聽到那聲音」的意識，便如同沒有任何聲音一樣。

各位有過這樣的經驗吧！某人叫了「某某先生」，的確是叫出聲音了，而且被叫的人也有耳朵，可是卻完全沒有聽到，為什麼呢？那是因為此人正想著其它的事情，亦即因為沒有「意識」所以沒聽到。

對我們來說，擁有六種感覺器官，即使各有其對象，可惜的是，只要少了最後的意識，便不可能成為自己的東西而接受。

就此意義而言，為了要使這被稱為六根的感覺器官能夠充分發揮作用，除了要有對象，還得要有接受這些對象的意識。其根本便是我們所擁有的六種感覺器官。

而使我們所具備的六項感覺器官保持清明，即所謂的六根清淨。例如，對古代的人而言，山是神聖的。現在仍有所謂的山神傳說，人們也常會懼怕山神。

把神聖的山神當作目標，在爬山的時候都要使自己的六項感覺器官保持清明，便謂之六根清淨。因此，現在有些人爬山時用的手杖上便會刻著「六根清淨」四字。

同樣的道理也適用在我們的日常生活上。怎麼回事呢？即是不管我們正從事著什麼事，都要使我們所具備的六種感覺器官保持清淨。這麼一來，不論對象如何，我們都能清楚地接收到。

亦即，用雙目視物時不能帶著有色的眼鏡。以耳傾聽時亦非如此不可。為了使我們能清楚地接收到事物原來的真面目，首先便非得保持六項感覺器官的清明不可。也只有這樣，這世界上的萬物對我們而言才會是一種美。

人倘若能憑藉現在自己所擁有的時間和空間，去發現自己本身的存在理由，則自那一瞬間開始，就可以過著肯定人生的充實生活。

# 13. 得一知交便是幸福人生

別忘了人人皆有寶珠
——《大般涅槃經》八

興趣可以變換，朋友不可以更換。但對現代的年輕一代而言，朋友即競爭對手，很難培養出友情。理由之一便來自升學考試這種激烈的升學競爭。

「昨日的敵人是今日的朋友」，即使到昨天以前都還是激烈競爭的對手，一旦進了大學或就業之後，此種競爭意識轉薄，很可能便重拾往日情誼。但是，再怎麼競爭激烈的社會，如果終其一生，均不能得遇堪稱為親友的知交，那將是如何寂寞的人生啊！

但是，足夠稱之為親友的條件究竟是什麼呢？

如果只是純粹的朋友，則自幼稚園開始的學校教育中，可以說是要多少有多少吧！即使踏進了社會，一起玩的朋友、一起喝酒的朋友、一起聊天的朋友等等，我們也可輕易地結交了許多。

這之中，能夠稱上是真正的朋友，如諺語「必要時的朋友才是真朋友」所示，在我們真正需要時，能夠與之商量的朋友究竟有沒有呢？

而成為真正朋友的條件中，最重要的應該是「無論如何絕不背叛對方」吧！甚者「即使被背叛了仍然值得信賴的朋友」。

我們可能常常聽別人如此埋怨「自己把他當成是親人般的朋友，卻以這種方式背叛我，還談什麼親友，簡直連朋友也不是。」這便是依利害關係而結交的友情，絕不可能自心中真正地相信、信任對方。

即使看來似乎被背叛了，就此便不能如以往般地信任對方，那麼，這也不能算是親人般的朋友了。

因此，儒家所闡述的五倫之一，在朋友關係中便是「朋友有信」。我們自儒家思想學到的便是，不論演變成何種狀態，最重要的，即是一如往常般的相信、信任對方。

人類是靠不住的生物，這的確是一個事實。一旦發生某種狀況，便犧牲自己的朋友以保全自己的情形並不在少數。而即使在這種被出賣的情形下，仍能不去埋怨、憎恨背叛自己的朋友，相反的卻回頭反省自己的不德的人，就是擁有能夠獲得真心朋友資格的人。

一旦開始懷疑，從此便再無止境了，而且只要有懷疑存在，那麼，友情便要枯萎了。順便一提的是，人們常說男女之間沒有真正的友情，理由之一，一定是某一方總是意識到對方是異性的關係。

與以往不同的是，現在的學校教育大部分是男女同班，可是能夠產生如親人般情誼的友誼關係的，幾乎全是同性之情，其原因是因為在不知不覺間都會意識到對方是異性。

尤其是女性，很難培養出一生一世的友情，那是因為一旦結婚之後便完全投入家庭，再無多餘的時間、精力去持續維繫友情。

在我們說長不長、說短不短的一生中，如果不能擁有一個可以稱為真正朋友的朋友，而就此終其一生，對好不容易才生而為人來到世上的我們來說，不是太寂寞、冷清了嗎？

因此，不能不祈求，希望能夠獲得一個可以信任、永遠值得相信的朋友，即使只有一個也好。

# 14. 惜福惜緣

『一切行；苦』擁有此智慧，彼會厭其苦，而入清淨之道。
——《法句經》二七八

人生就是真理，真理亦是人生。離開人談理，就成了「空」，離開理談人，就成了「虛」。

在結婚典禮等儀式中，常聽人交談的一句話便是「這真是不可思議的因緣啊！」關於因緣二字，很多人似乎是誤解相當深。

事實上，因緣這個辭所指的是因緣生起，世上所有的萬物萬象，完全是依據直接的原因和間接的原因（所謂被給的條件）而產生的，因緣便是這個含意。而我們自己本身能做到的事，就是所謂直接的原因。但是，世上所有的事物並不光依直接的原因而產生的。為什麼呢？因為人生的演進也取決於間接的各式各樣的條件。

一男一女結合而為夫婦，這並非只依自己二人的意志可成之事，而是各種條件累積配合之下，這一對男女才結成夫婦的。

也許有人曾想過，為了要產生人類，究竟曾有多少個祖先呢？不管是誰都必定各有一個父母親。但是，父母親每一人又都各有其父母親。這麼一來，包括祖父母共有四個人了。而這四人再往前推便是八人，再往前推便有十六人，照這麼計算下去，單單一個我在十代之前，便有二的十次方，也就是一千零二十四人的祖先。如果再往前二十代、三十代推上去，二的二十次方超過百萬，而二的三十次方便超過十億了。

亦即，為了要生下我一個人，在距今三十代前，因為一代約為三十年，則在大約九百年前便有一億個祖先了。

可惜的是，一般人家通常不曾留下家系圖之類的東西，所以，我們便無從得知每一位祖先的姓名。可是至少我們知道，必須靠這麼多祖先的曾經存在，才在今生產生了我這麼一個人。而這個我，現在又跟同樣擁有這麼多祖先的異性結婚，真的是不可思議的因緣。

但是，這個「不可思議」也常被深刻地誤解了。一般人常將不可思議的意思，看做是魔術師表演時所說的「啊呀！真是不可思議！」可是任何魔術都有答案。如果沒有可供解釋的答案而忽然間便從帽子裡飛出一隻白鴿來，那才叫做不可思議。

如果本來就藏著一隻白鴿，然後玩弄手法、混淆視聽再將之變出，這可不是什麼不可思議。

相對的，單單為要生下我一個人，就必須在世上擁有那麼多的祖先，這真是不可思議，而同時對方也是一個不可思議的存在。這二個不可思議的存在，如今結合而一成為夫婦，且一旦成為夫婦之後，從現在到將來，又會有幾千代子孫一直延續下去。

就此意義上來說，雖然我們覺得的確是我們自己的選擇，可是卻是因為這不可思議的因緣選擇了對方，而且因為這個抉擇，今後將會永遠地子子孫孫延續下去，關於這些責任，難道沒有必要加以考慮一下嗎？

在這社會裡，有許多事物是因為朦朧不清，才會讓人感覺美，婚姻上常起風波的理由，在於男和女是在誤解這樣的美麗之下而結合的。

有句話說「風一起桶鋪便得利」，這世上有很多原因雖非人類的智慧可輕易預料的。而對於這些個不可知，我們便只能心存感謝領受，然後好好善自珍惜這段不可思議的因緣。

## 15. 每天幹勁十足便是「極樂」

——業果如影隨身《付法藏因緣傳》六

正如「極樂鳥」這個字所象徵的意義一般，當我們聽到極樂二字時，大多數人的想像便是「許多美麗的鳥，爭奇鬥豔的百花，建築物全是金銀寶石所造」，對人類而言是個最理想的世界。

這個極樂地被稱為是淨土或佛國土，在佛教經典中的確曾有如此美麗的描寫。而事實上，這是為了喚起人們「好想在那樣的世界中生活」的願望而有的描寫，到底只是佛菩薩為拯救眾生而採取的權宜手段。

那是因為，人類活在世界之所以不能消除慾望之火，不能達到徹悟的境地，全是因為有太多慾望的對象，而在所謂淨土的世界中，像此類的慾望對象一個也不存在，所以誰可能朝向徹悟邁去。

亦即，如果這個世界是穢土，與之相對的，佛的國土便成淨土。而在淨土上，那些能取悅多煩惱人類之五官的美麗的花！美麗的鳥！七寶所建的建築物等，根本沒有存在的道理。

但是，如果將這種真實的淨土世界向人類描述的話，不論是誰都不會祈求往生極樂世界了，如果將它描寫成對人類而言的理想世界，那麼，人們就會嚮往極樂世界了。

因此，即使這個極樂世界被人以為是死後的世界，只要是能夠持有信仰，不也很好嗎？

對現代人來說，死後的世界究竟有何意義呢？事實上，拿其本人來說，並不具有什麼重大的意義。

而對那些失去親人的人們而言，與其認為先自已赴冥土的至親，是到了一個地獄與餓鬼的痛苦世界中，毋寧相信其是往生至稱為極樂地的美麗世界，是一個遠勝於前項說法的解救。

這麼一想，所謂極樂之死後世界的說法，也可說是來自於後代子孫，希望去世的祖先能在冥世幸福過日的願望而產生的吧！而在自己死後，也希望能往生同樣的世界裡，在美麗的蓮池中所開的同一朵蓮花中，於是有了「一蓮托生」的說法。然後，從相信在陽世有緣相聚的夥伴，也會在同一個世界中，某一天再會的信仰中，也產生了「俱會一處」的說法。

不論如何，人的一生不過短短數十年，再長也不過百年前後，然而死後的世界卻是永遠的，正因其是永遠的，所以，究竟這個永遠的世界是個什麼樣的所在，最是令人懸念。

雖然如此，但是，重要的到底是這個短暫的一生，所以，更要努力在一生之中，過著有意義的每一天。

人為何要生存？要活多久？「是否只活到死亡而已！」

我們每日的生活，都是一般常識性的，而自己所期望的則需要超越常識。能夠「有趣」生活的滿足感，一定能無拘無束、奔放自在的享受人生。

人死時萬般帶不走，只有業隨身，不論善業惡業，都會隨著神識去輪迴，或接受果報，而業力來自身、口、意三方面。倘若生前吝嗇不肯布施，死後淪入餓鬼道，享受不到飲食……。業報不能替代或轉換，誰造的業，便由誰去承受，所謂自作自受，當如是也。

# 16.「四苦八苦」的最上佛法

出生為人很困難，現在有生命難，世有佛難，聞佛法難。
——《法句經》一八二

「難」是「難有」的簡稱，難有意味著「現在、此處」的意思，也就是稀有、珍貴的含意，換句話說就是以人的想法無法達到的事實，不可思議的意思。

「出生為人很困難」意味著能出生為人是多麼不可思議、多麼美妙。「現在有生命難」是意味著死的人那麼多，可是自己卻能於「現在、此處」活著，擁有生命的人實在是很珍貴的。

這樣很不容易、很珍貴的能「出生為人，又有現在、有生命」是不可思議的。又以人的力量無法想像的事實及很深的體會，自然會感謝「真是難能可貴」。

「昨天實在很苦惱，簡直是四苦八苦都遭遇到了」，在日常生活中，我們常會使用到四苦八苦這個語詞。那麼，這四個字又是什麼意思呢？幾乎所有的人都不明白其所具有的涵義。

事實上，正如字面上的四或八兩個數字所示，我們的人生當中大致可以區分成四種或八種的苦，所以有四苦八苦的字眼。

當然，所謂的四苦八苦，並非代表全部加起來共有十二種苦，而指的是前四種苦加後四種苦，總共八種苦。

最初的四苦是生老病死，初生、老去、生病、逝世等四種。這之中也有不經過中間老、病二個過程，而是一生下來，年紀輕輕的便早逝，或是生了下來，上了年紀，卻無病無痛地忽然暴斃。只有一件事是正確無誤的事實，那便是，既生了下來便非死不可。

有位信徒曾經要求某位高僧「寫下一個值得慶賀的字眼」，這位高僧提起筆來流利地寫著：「親死、子死、孫死。」信徒看了大驚失色：「不要尋我開心了！大師，我請您寫的是值得慶賀的字眼，您卻寫的是『親死、子死、孫死』，這是寫的啥東西啊！太不吉利了。」此時，高僧回答他：「哦！那你的意思是『親死、子死、孫死』才值得慶賀囉！」這段話便流傳下來，成為有名的對話。

我們人類的人生過程中，大體上是先死了雙親，接著是子女，再來是孫兒，因此，如果是老年人先死，在某種程度的痛苦上我們還可以忍受。然而可嘆的是，人生之中有所謂的「白髮送黑髮人」，雙親失去了子女，或是祖父母失去了孫兒的情形，到底不是沒有。

有人親人去世了，獨自背負著痛楚，在口中嘆息著，為什麼只有我必須嚐到這種痛苦？但是，世界上所有的生物，自己活得愈長久，便得看著身邊的人，一個接著一個地死去。不只是家人，朋友，或親戚，或熟人、鄰居，我們都會失去他們，而這就是人生。

當我們抱持著這種想法時，便要想到，不光是我們自己才要接受這種痛苦，凡是人類都逃避不了，所以，我們每個人都要戰勝這種悲痛，即使怎麼苦也要堅強地活下去。

不能因為痛苦，便陷入痛苦中不能自拔，或是感慨「人生只充滿了苦楚」，而是要在痛苦的人生當中，想辦法克服痛苦，活出蓬勃、朝氣的人生，這才是人生，不是嗎？

在細細領略這四苦八苦的悲痛時，如何能把這充滿痛苦的人生，轉變成喜悅的人生呢？這便是加在我們每個人身上的最大課題了。

# 17. 生活在不後悔的愛中

——《大莊嚴論經》十五

一枝草一點露

人生有四苦八苦，想必大家都知道了。前面已先說明過最初的四種苦，現在要談的第五種苦便是愛別離。

再深入一點兒說，便是「從愛的那一日起，痛苦也隨之而生了。」這是千真萬確的事實，人生在世，最最痛苦的，難道不是與自己所愛的分離嗎？

「啊，孩子出生了，真是太好了。」或是「生了好可愛的小嬰兒，真是恭禧」，我們常常聽到類似的話，但仔細一想，這真的值得恭禧嗎？

「聽說您生了小寶寶，我真是同情您哪！」如果有人這麼說，大概會惹來「喂喂，別胡說，我可是高興得很。」這樣子的回答吧！

「但是，你拚命努力地，會爬了之後要他站，會站了之後要他跑，殷切盼望中撫養他長大，可是一長大了，也不知是被什麼男女傢伙迷住了，把雙親一腳踢開就走掉了。所以說真的值得同情。」

這麼一來，大概為人父母的都會頂你一句：「不要胡說，我才不會那麼悲哀，我一定把我的小孩教養成一個孝順的孩子給你看。」

即使真教養成了孝順父母的孩子，可是沒有雙親和子女一起死的道理，而當自己先行死去，便非留下可愛的子女而死不可。這該多麼痛苦啊！這麼一來，到底仍要說「真是值得同情」。

事實上，仔細地想想，這的確是千真萬確的。如前所述，從愛的那一日起，痛苦也隨之而生了。有些女大學生，每到星期六、便心不在焉、坐立難安了。這些大概都是有男朋友的。可是，一到星期一，又鬱鬱寡歡了。那是因為，到星期六之前都不能與男友會面而感到難過。

而那些沒有男朋友的女孩們，不論是星期六、星期一都心平氣和，有的只是「今天要去哪兒呀？」「今天該洗洗衣服什麼的」等這類感覺。

之所以如此，乃因為人類一旦有了愛的對象，就會產生想永遠與對方在一起，或是住在一塊兒的心態，可惜的是，所謂人生，即使不是死別，也會有生離。

這麼一想，所謂愛別離的痛苦，不就是時常與我們的人生相糾纏的問題了嗎？

那麼，要怎麼做才沒有這種痛苦呢？很簡單，停止去愛便可。只是，說是這麼說，對人類來說，停止去愛卻是難如登天。不，或許不能說是難如登天，簡直是不可能。即使要小孩不愛雙親，或是擁有小孩時不去愛他們，或是不要愛丈夫、不去愛妻子，這都是不可能的。

「愛」一事的確是痛苦的開始。而只要能考慮到有愛便有分離，那麼，如何珍視今日一日所擁有的愛，便是一個相當重要的課題。

在孩子的成長中感受喜悅，不停地愛他們，在其中發現快樂，即使分離也不後悔，這樣的人生，不正是我們所要期待的嗎？

杞人憂天很不智，兒孫自有兒孫福，許多父母親過份擔心兒女的前程並不聰明，只要平時好好調教，有了健康的身心和謀生技能，走遍天下也不會餓死。

佛教中最重要的問題是人的心，人心煩惱之火完全消失而進入無心的世界，這個世界就是涅槃的世界，以人的心用其他言語表現的，就是妙心。

妙，就是美好，這種美好的心本來任何人都有，換句話說，妙也能解釋為佛的心。

# 18. 設身處地的「人生深度」

敬愛人、關心人，實際上就是敬愛自己、關心自己。
——淨心長老法語

不與人爭者，常得多利。退一步者，常進百步。

如果有那一家發生了非常悲痛的事，便送束花去。相反地，有了非常高興的事時也是送束花去。為什麼在悲傷時、痛苦時，甚至高興時、喜悅時都要使用花呢？那是因為花可以緩和對方的悲傷和痛苦。相反地，也可以使對方的快樂和喜悅增加到二倍、三倍。

這是何道理呢？那是因為分擔的悲痛減半或減為三分之一，相對地，分享的喜悅增加至二倍或三倍，這難道不就是我們人生中的真實嗎？

有句話是「設身處地」。例如，他人家中遭受到父親逝世的不幸，如果換成是自己的父親又當如何呢？這麼一想，我們便會感受到，那家的太太失去了先生一定會悲傷、會很痛苦、會很難過的。

同樣地，如果自己能接受那樣的喜悅，而覺得「對方該會多高興呀！」時，我們不也就能與之一起感到喜悅、快樂。

事實上在我們的社會中，所謂的葬禮和告別式，其實都是為了分擔其悲傷而設的。也就是說自己的家庭很幸運的雙親都健在，不能瞭解失去雙親的心情，但是卻可以感受到親人亡故的人，想必是非常悲傷吧！

覺得自己至少可以分擔一些那種悲傷，所以帶束花去慰問，或是去上個香。同樣的情形，仍然可以在對方喜悅時出現。

設身處地去為對方著想，老實說並不容易。亦即我們人類在肚子裡全裝滿污穢，當對方喜悅的時候，相反地，我們會在肚子裡罵他畜牲；而當對方痛苦時、悲傷時，我們即使不至於說他活該，卻會覺得慶幸，還好不是我。這便是所謂人生的煩惱。

老實說，在我們肚子裡常是洶湧著慾望的漩渦。

有這麼一句話——

挖給你看我的心　只有野心和慾望

野心是不是真的永遠都存在，我並不知情，但是，慾望卻是隨時都糾纏著不去。這麼一想，我們便很難去理解不是發生在自己身上的悲痛，同樣地，也很難去領會不是發生在自己身上的喜悅。

但是，社會是由相互間的人際關係所組成的，所以當對方自心中感到喜悅時，我們牽起他的手一起歡笑；當對方自心中感到痛苦、悲傷時，我們也握住他的手一同哭泣。這難道不是非常重要的事嗎？

如果能夠這麼做，而當自己喜悅或是悲傷的時候，對方不也是同樣地會拉起我們的手，與我們一起歡笑或哭泣嗎？

如果彼此之間能徹底做到設身處地、感同身受時，比起自己一人獨自壓抑悲傷，或自己一人獨自玩味喜悅，不是更能過得更有意義的人生嗎？

不會被一切煩惱所拘束稱為「空」，「淨」和「空」具有相同的意義，才使過去七佛的詩的教示被了解，所以，能知悉不會被煩惱束縛的空，與淨化己之心而相信行。

將自己的心淨化到不被一切拘束的境界，必然會產生慈愛和謙虛的言行，由於如此，說「七佛通誡之偈」佛教的教示精髓乃此。

# 19. 看清自己及時自勉

一切惡不作，身行一切善事，淨化自己的心。——《法句經》一八三

德國的詩人——席拉說：「如果你想要理解別人，首先必須先看清楚自己的心。」

人說「雙親是子女的借鏡」，聽來似乎是事實。父母親們常常對子女們說——這麼做、那麼做、非這麼做不可、非那麼做不可，像這樣的所謂「媽媽教育」漸漸地增多了。當然，應該也有所謂的「爸爸教育」，而在爸爸教育、媽媽教育的稱呼中，含有如下的意思：

「至少你要比你的父親讀更好的學校，進入一流的企業，成為比父親更了不起的人。」

令人想說——真是非常抱歉，但請你不要忘了遺傳法則。這是什麼道理呢？大約夫婦之間都不會有太大的差異。當然，有幾萬分之一的機會，鳶會生出老鷹來，儘管想要子女比父母親更優秀，但是，一個差強人意的父親和一個差強人意的母

親，沒有道理會突然生出一個比父母親更要優秀許多的小孩來。遺傳的法則大體來說是正確的，然而究竟是什麼原因使父母親對子女期待過度呢？

同樣的道理，也適用於公司裡的上司和部屬的關係。也就是做上司的常會對其屬下做百般的要求，希望屬下做這做那的，又要抱怨這也不會、那也不會。

當然，不會有太多的上司希望屬下比自己更了不起，可是又為什麼對屬下的期待又大得離譜呢？

反過來說，即使有一百種的說法，自己不先做到的話，誰也不會跟上來做。如果是小孩子，的確會有某種程度的效用，可是如果自己做不到，儘管說酸了嘴巴，誰也不會跟著做。

不管雙親對小孩發了多少牢騷，也不管對小孩多注意，實際上，雙親做不來的事情小孩也沒有理由會做，「雙親是小孩的借鏡」這句話的意義正在於此。

總之，正如小孩所看到的正好是雙親的背影，部屬所看到的也絕不會是上司的正面。同樣是見到其背影。

所以，不管上司說了那些看似偉大的話，或是看似義正嚴詞的話，自己本身做不到的事，不論怎麼地強迫他人去做，別人也不可能會跟著來做。

言行一致實在是相當困難的一件事。說得容易，要做卻難。也有沈默地去實行的情形。什麼也不說地默默無言。可是即使沈默著埋頭去做，並不表示就會馬上有一群部屬跟著做。因此，在某些場合是有必要發些申斥之話，而在口頭上也非做各種形式的忠告不可。但是，說了之後，最重要的還是自己真的去做。

這個道理不光說的是公司中上司和屬下的關係，也同時適用於整個社會生活。批評別人，這是誰都會的事。事實上，如果換成自己受到別人同樣的批評時，難道自己就真的做到了足以回答他人「我做了」的事嗎？

正如鏡子真實地反應出美醜一般，當你認為子女都不聽自己所說的話時，請想想自己本身是否真的做到了。同樣地，當你抱怨屬下不聽從自己所說的話時，也請反省自己是否真的已經做到了。如此一來，不就能避免成為一個只會責罵的父母親，或只會責罵的上司了嗎？

任何人都一樣，沒有所謂天生就有錢或天生就擁有崇高地位，真實大家都是從貧窮出發。

# 20. 宗教和人生的平衡

自己才是自己之救主，自己才是自己之歸依，好比商人維護良馬般，好好調制自己。——《法句經》三八〇

自己才是自己的救世主，自己才是自己的依靠。由於如此，就好比商人調教良馬時，要先調整自己本身。

錯誤最多者，莫過於不承認錯誤的人。

現在大部分的國人對宗教的關心都相當地淡薄，雖然在傳統習俗上仍留有各種宗教的行事，然而在現實的日常生活當中，可以顯見幾乎完全不帶任何宗教意識。

但是，從另一方面來看，也有對宗教過度關心，整個的生活完全與宗教活動相結合，或是遍歷各種宗教，以致成為一種宗教中毒者（？）等各種情形並非沒有。

到底宗教這種東西，對人類而言究竟具有何種意義呢？

在西方社會中，大體而言宗教是人類不可或缺的信仰。因此，一個沒有宗教心的人，可以說已經不具備身為人類的價值，而不過只是一種生物，抱持著上述想法的人相當的多。

相反地，對台灣人來說，不具宗教信仰者，卻是身為知識份子的一項證明。而信仰宗教的人，就被認為是鄉下的古式人類了。

因此，一旦看見有人熱衷於某種特定的宗教，或是抱持著對宗教的關心而去研究、實踐，便會議論說：「那些人全是沒有了宗教便不能生存的軟弱人，全是些不相信科學非現代的存在。」

如此一來，不但對宗教漠不關心，甚至拒絕宗教，或是對其抱持著一種嫌惡感，漸漸地便遠離宗教，不論過了多久，都無法得知宗教的本質。

在此，我們非作如是想不可的原因，在於所謂宗教狂熱者的存在。全賴他們，成了青年與知識階層人士遠離宗教的原因。

也就是說，並非是冷靜地接受宗教，將之視為自己的生活依靠，而是狂熱地相信「自己所信奉的宗教才是唯一的真實，而只有想盡辦法使他人也進入自己的宗教，才是自身唯一的生存之道」。

當然，與此相反的，也有一些只專心一意於追求宗教性的知識，只研究所有的宗教與關於宗派間的內容，扮起一副十足宗教專家的樣子，這些人同樣是使人為難的存在。

為什麼呢？因為無論你是如何地擁有多豐富的知識，卻不能與信仰相結合，何況對人類而言，亦難成為一種生存的喜悅。

的確，若沒有某種程度的知識，便不可能成為其宗教的信徒，而如果完全沒有絲毫有關知識便加入信徒的行列，毋寧只是一種盲目的信仰罷了，然而有必要知道的是，不論具備多豐富的知識，也不能說是就此便與信仰有了連繫。

就以上所說的歸納來看，只倒向某特定的宗教，對其它宗教目不斜視，像發了瘋似地整個生活都投入其中，或者完全背道而行的。只專心於客觀地去瞭解宗教的教義，對所謂的信仰絲毫不注意，兩者在宗教上來說，都是極端危險的陷阱。

《禪林類聚・二》說：「八風吹不動。」所謂八風，即是迷惑人心的八種東西——利、衰、毀、譽、稱、譏、苦、樂。人心常會因為這八種風而動搖，為了讓人能安定下來，必須放棄八風，而不為所動。

這種不為所動的心叫做不動心，不動心的產生需先完全徹底了解佛家所說的一切皆空的想法，沒有這種想法的人，是不可能有所謂的不動心。

## 21. 莫陷死者於「不孝」

知有生必有死，對於生死，皆不執著的，吾稱其為婆羅門。
——《法句經》四一九

婆羅門是在佛教以前就存在的印度民族宗教婆羅門教，及信者之意。婆羅門教和佛教迥然不同。釋尊雖曾批判過宗教，但決沒有惡意的毀謗過。同時嚴格訓戒其弟子不能惡言毀謗。

因此，這首詩的婆羅門，並不是指婆羅門教徒與佛教徒的區別，只提示說「精通宇宙與人生、開悟正確真實的人」。

「長老」是對一般長老的敬稱，在佛門中佛道較深的老僧被讚稱為「長老」，法句經第二六〇首的「即使頭白，不能依此，稱彼長老」，表示社會上對長老的評價很嚴格，只是髮白的人，被稱為「空虛度日的老人」。

釋尊的教示中，最後加以嚴格訓戒的是「空虛度日」的狀態，釋尊的口頭禪「勿放逸」，並不僅意味怠惰，而是厭惡「空虛度日」的生活態度。遊玩不像遊玩，工作不像工作，像這樣遊手好閒的生活，會消耗我們的身心，空費時間罷了。

一位友人的女兒，在尚未滿四歲的時候便得急病而去世。這之前的幸福人生頓時沈入黑暗深淵中，雖身為一個男子漢，卻整整哭了二十四小時，直到天明。在哭了一整夜之後，大女兒跑來問他：

「爸爸！妹妹到哪裡去了？」

對死後的世界一無所知，因此，友人根本答不出來究竟是到哪裡去了。可是，想不回答又不行，所以便說「到極樂世界去了，是佛陀的世界哦！」

可是大女兒又問：「佛陀的世界又是什麼世界呢？」

「佛陀的世界是個很好的世界，開滿了漂亮的蓮花，鳥兒鳴叫，雖沒有金銀珊瑚綾錦，卻有很美的宮殿。」

友人幾乎連自己都不相信，但卻喃喃地說著。

這麼一說，大女兒又問：「好棒啊！這麼好的世界！那麼，在這麼美麗的世界裡有幼稚園嗎？」

為什麼姊姊會這麼問呢？理由相當明顯，因為已去世的妹妹明年便可以和姊姊一道上幼稚園了，她因而快樂地生活著。因此，在妹妹所去的世界中到底有沒有幼稚園，也許這對姊姊來說是最值得關心的事！

雖然不知道，可是友人也絕不能使姊姊傷心。而且所謂「極樂」即是「極端地快樂」，應該沒有什麼東西是不存在的，所以雖然自己不相信，仍是以一種虛空而徒勞的心情這麼回答著：「有啊！有啊！不但有，而且比你現在上的幼稚園還要好哦！老師很親切，而且什麼積木啊！兒童遊樂設備很多哦！」

這麼一說，大女兒便又問道：「真的，有幼稚園啊？那麼好的幼稚園！那我也要去。」

友人頓時啞口無言。

所有的宗教都把死後的世界描繪成一個理想的世界，如果那是真的，為什麼人死的時候我們要那般悲傷地哭泣呢？如果我們高興地跟人說：「好棒啊！你的父親終於到天國去了！」「到了極樂世界喲！到了佛陀住的世界去了哦！恭禧。」這麼一說一定要惹來一頓毒打。

正在這麼想的時候，忽然友人的耳中傳入一句話，「爸爸！我不去了！」友人吃了一驚。

「為什麼呢？」

女兒回答：「雖然我不知道那是多麼美麗的世界，可是如果父母都會哭得如此傷心，我不去也沒關係。」

不論死後的世界多麼富麗堂皇，對我們人類而言，最要緊的仍是如今我們所生存的這個世界。反過來說，如果說死去的女兒讓父母這般為她傷心是一種不孝，那麼，要怎麼做才能不使這個孩子陷於對父母不孝之地呢？

那就是自己絕對不哭。非但不哭，還要更精神十足地去充分發揮被給予的這個生命。除此之外，別無他法可以讓孩子們成為孝順的子女。

「後悔不及」，正如這句話所示，在我們在世的時候，就要努力地過好人生，千萬不要陷已死去遠離我們的親人於不孝之地。

生與死是註定的，唯有享受其間每一段時光，讓死亡的黑暗背景襯托出生命的光彩。

對一般人而言，為了要好好的死，就必需要好好的生活。能好好生活的人，也就是能好好死的人。所以，我們應該要充實今天的每分每秒。

# 第二章　自我啟發

# 22. 悠閒自誤

大道廢，有仁義；智慧出，有大偽，六親不和有孝慈，國家昏亂有忠臣。——《老子道德經》

廢棄了自然大道，就得強調人間的真實情感及義理規範，凡事出離了智慧明照，人間的造作詐偽也就群起而生了。父子、兄弟、夫婦，這六親無法和諧共處，這時就得強調教道與慈愛的重要，國家昏亂不安，這時候才有所謂的「忠臣」。

強調什麼，其實就是失去什麼，大道自然，無情有情，沒有強迫，卻有道理，要懂得安享幸福，不要老去追索幸福，與其一直提醒自己要怎麼樣，不如讓自己就這樣，如如自然。

在我們的生活中，會受到各種事情的束縛、左右而失去自我的情形，例如，貴賤貧富、利害得失、美醜好惡、順境逆境，捲入各種客觀的旋渦，錢就是最好的例子。

《臨濟錄》說：「隨處作主立處皆真。」就是要我們不管任何立場或任何事都不會受到利害得失等的束縛，而成為當場、當事的真正主人，自由的使用一切，而且直接變成真實的妙境。

羅曼・羅蘭說：「絕無失誤者，表示凡事都不做的人。」「某某人不曾失敗過」，其實這句話內含諷刺之意。言外之意是「某某人不去挑戰任何事，所以才沒有失敗」。

買股票遭到失敗，是因為他買了股票；因不動產而虧錢，是投資不動產的結果，此乃明明白白之事。因此不出手購買股票、不動產的人，絕對不會發生運用錯誤的窘境。由於如此，亦無失敗可言。

可是，如果以定期存款儲蓄金錢，幾乎不會有增值。尤其利息降低時，更令人心煩。風險是比較小，但金錢無法增值也是不爭的事實。

不做生意或賭博，就不會失敗。可是，不做任何事就不可能有成功之事。因此，人生會顯得黯淡無彩。

《顏氏家訓》涉務省事篇說：「人生在勤，不可悠閒懶惰，四體不勤，五穀不分。只有置身於實踐活動之中，才能把自己培養成為一個懂得生活、善於生活的人，否則便會誤國又誤家。」

# 23. 本來面目

不思善不思惡，正與麼之時，那個是明上座本來面目。——《六祖壇經》

這句話是說明「不思善不思惡」時所說的，出自六祖慧能禪師教訓慧明的對話中。

「本來」是原來的意思，「面目」是容貌形狀的意思。

我們為了妄想或辨別心，以致本來所擁有的真實自我不再出現（本來的面目），如果消滅了妄想和辨別心時，本來的面目就會出現，為了到達此目的，所以必須徹底的「不思善不思惡」。

佛教認為人心（凡人的心）其真正的形狀是佛心，那佛的心又是何種形狀呢？他是超越一切的形狀，以無心表示。

這樣，本來的面目就變成沒有面目形象的面目，而發覺這種沒有面目的面目就是省悟，如果沒有自覺這種本來面目，佛教就無法存在。

為了自覺所謂本來的面目，所以有坐禪、到山裏修行、做水垢離（祈禱時身上灑水以除不潔）或淋瀑布的水，這些都是自覺本來面目的手段。

人本心就是佛心，所以佛心不可能離人心，超越過人的世界，這點和基督教所謂的神完全不同。

毛姆說：「每日做二件自己厭惡之事，將有益於自己的靈魂。」

對於「厭惡」之事，可堅持嫌惡的態度；但是，其感情或表情太直接表現於行為上，可能會傷害到彼此的感情。

因為人不可能獨自一人生存於世，因此，須某程度的寬容對自己不利之事。但有惡意時，另當別論。一般而言，對方並不知你的厭惡，因此只能睜一眼、閉一眼地寬容之外，別無他法。事實上，大家都是這樣……。

例如，不喜歡的食物，在勉強食用之際或許也會感覺不錯，甚至會在不知不覺中成為自己喜愛的美食。所以，現在討厭的不一定永遠都討厭。或許是自己的偏見或度量太狹小所造成的結果。

既然自己是自由的，當然對方也要自由；因此，應該肯定對方的自由（亦即，忍耐你的厭惡），才能提高對社會的適應力。亦即，意味靈魂更成長。

# 24. 聽其自然

到頭霜夜月，任運落前溪。
——《碧巖錄・三四》

剛才在頭上的寒月，已經不知不覺的落在前方的溪中，表示不被任何東西束縛之無心的世界，需要達到這種境界才能真正的省悟。

聽其自然容易讓人產生不需努力也沒關係的感覺。這裏所出現的「任運」確實是聽其自然，但不做任何努力而聽其自然，不是真正的順其自然。

人類常努力拚命做一件事情，然後才把命運聽任於天命，例如，努力的準備升學考試，常認為用功到這種程度已經可以了，至於其他的只有順其自然，持有這種心態的原因是為了讓自己心安。

如果不做任何事，而說把命運交給上天的人，其原因是想消除心中的不安，應該不是本意。

這裏所說的任運，是指真正努力的結果之後到達的世界，這個世界就是任運的世界。一切都聽命於運氣的想法是種投機主義、機會主義。

有句諺語說：「必須走一次危橋。」

自己這一代白手起家，或者被視為成功者的人，在其一生的某處必曾下過大賭注。賭注獲勝，其結果才有成功。

邁向成功之道，是不斷的努力。美國的發明家愛迪生，將成功的秘訣表示為「九十九％的汗水」，至於喜劇泰斗卓別林也認為「九十九％是努力」。

可是，僅僅腳踏實地的苦幹是不會有飛躍性的成就。愛迪生說，剩餘的百分之一是靠靈感；卓別林則強調是才能。亦即，促使日常性的腳踏實地能夠爆發性的綻放，必須加上某些冒險為要。

危橋或孤注一擲的大賭注，也是造成那種變化的手段之一。可是，這是一種賭注。賭是一種魅力性。雖然具有魅力，但風險極大，而且深具緊張性。或者由於如此，會成為敗因。因此，「不自覺是危橋之際渡過」為最理想。這些人堪稱好運之人。

樂與苦並沒有個別存在，佛教強調苦樂一體，人的世界，如果有樂，它的背後一定有苦；如果有苦，它的背後一定有樂。

# 25. 活用語言

知者不言，言者不知。
——《老子》

人事異動的傳聞，不知從何處流竄出來。結果，有時傳聞是正確的，有時則完全與事實相反。但是，傳聞愈是厲害，結果彷佛會像真實的一般。

無論是人事異動的預測，本來預測就是不管由誰做預測都有相當的信憑度。但是，如同賽馬或賽車的預測，前三圈的轉彎處順序皆如預測，可是到達終點時就不一定了。有人在事情未依預定進行時，就會說：「預定只是預定而已，預定就是未定之意。」預測也是如此，只是預測而已。可是，人生極易受到預測的左右。

當然，傳聞並非當事者的發言。因此，傳遞風聞者不可能了解事實或真相。不過，亦非刻意誑言，所以不能以「言者不知」的理由，而不理睬該傳聞。

人生諸相會因「言者」而一憂一喜，因「知者」的決定而進行。我們便成為如此過程，及其結果的勇者。

自古以來有一句諺語：「圓的蛋看你如何切，也可能成為四角形。話看你如何說，也可能出現稜角。」從我們出生到死亡，人如果沒有語言，一天也無法生活。即使獨自一人時我們也常自言自語：「今天好像會下雨。」「嗯，對。」「那麼帶把傘去吧。」「啊，就這麼辦！」這些也都是語言。

任何人都有自尊心，每個人都應儘量不要傷害別人的自尊。提醒大家要做到這點。諸如「不管讓他做什麼都不行」或「都是他的緣故」之類的否定性語句，儘量不要任意脫口而出。

語言及交談只要能將要件傳給對方即可，並不重要的點應儘量刪除，如此才能發揮效率。將自己的誠心誠意加進去，清楚地傳達給對方明瞭，這才是交談時應用心的地方。

如果稍微更深入來說，「語言是工具」這句話一點也沒錯。既然是工具，就有它的使用方法，用法正確，能提高最佳的效果，但一旦用錯，不要說別人，連自己都會受到傷害，等到發覺時，才知道語言是活的（一切的爭吵、打架是語言的用法錯誤所使然，甚至會演變到殺傷的地步，這點應特別注意）。

語言如果是活的，我們就應具有有效使用它的心態。

# 26. 心奮勵精進

伏久，飛必高。
——《菜根譚》

無論任何人，有時會在不受周圍人們注目，或者從主流脫離之下生活著。這時候如果自暴自棄，借酒澆愁，悲嘆自己時運不佳，也是無濟於事。藉酒消除愁悶、不滿或不安，不是不好，只是有損健康和精神。陷入絕望困境的心情令人可憫，但是，須儘快覺悟拯救自己的，唯有自己而已。

俗謂「養精蓄銳的鳥兒，必然飛得更高」。確實，自己不受注目的時刻，正是做自己想做之事的良機，脫離主流者，必然不會受到『FOCUS』或「FRIDAY」（雜誌名稱）的注目，所以，可以自由無束地悄悄養精蓄銳。

較早綻放的花朵，必然早謝。因此，大可不必焦急。須知，「危機過後，機會就來了」。但問題是，能否掌握難逢的機會？逆境之所以會發生作用，只適用於屈服於逆境之下的人們。

《法句經》二五說：「心奮勵精進，能調理己者，是賢明之人，暴流不會侵犯其心，而造成心洲。」

「精進」是釋尊常說的教示。在此特別提到「心奮勵精進」。這意味「嚴格律己」。

嚴格積極的對待自己，換句話說「整頓自己」。佛陀、如來又稱「調御師」，像調教師訓練馬犬猛獸等一般，控制我們的身、口、意。順從教示，將行為、語言加以整頓之意，佛、如來就是調御者。

像這樣好好調整自己的人，「能在心裡輔導」，即使是激烈的感情，也不會被激流沖走。

自信心與責任感使得人類的行為敏捷俐落，樂觀進取。人類之所以有才與不才的差別，就是源於這種自覺意識的發揮。

但是，肯定自己能力的這份自信，也並非每個人都能擁有。首先，必須要充實自己，多方面的學習與體驗，來使自己擁有這份資格。

佛教的涅槃，是指省悟的世界，省悟的世界即是完全斷絕一切的煩惱，也就是涅槃的世界。不過，不斷絕煩惱也能獲得省悟的世界，才是真正的佛教。

# 27. 冷靜的判斷

成者為王，敗者為寇。
——諺語

賽馬時，僅僅一個鼻頭的差距，勝利者就是勝利者。至於自由車競賽，只是一輪之差，冠軍就是冠軍，亞軍就是亞軍。因此，無論多麼不平，購買賽馬券或賽車券的錢再也討不回來。事後還會頻頻抱怨，很難接受自己敗陣的事實。

但獲勝時，會堅持說：「即使只是一個鼻頭之差，勝利就是勝利」等，完全不理睬周圍的抱怨聲。該現象確實有趣，況且在這社會上也常發生類似事件。

僅僅被擊出一支安打，然而卻是全壘打，結果成為敗戰投手，這是非常值得同情。可是，勝利投手是屬於以一比〇獲勝的那一隊投手的份。即使該投手被擊出數支安打，然而卻和勝負無關。

可是，敗戰的隊伍和球迷都無法坦然的接受事實，於是會說，「棒球獲勝，可是比賽輸了」，這只是不甘願認輸的口氣。

明知輸了，還是想不開，根本無法坦然接受事實，人生不也是如此？

「勿懶惰、勿驕傲、勿焦躁、勿沮喪，勿認輸」這五個惡魔中的主角是「焦躁」。因為內心焦躁呈現於外表，就變成「怒」。常發怒的人會使周圍的人感到不愉快，對他敬而遠之。但是易發怒的人，卻自以為了不起而傲慢。

如果焦躁之心內攻。會喪失自信，使我們的心「沮喪」，使自己打敗自己。「勿認輸」解釋為不要輸自己。由於如此，這五惡中最惡的就是「焦躁」。因為我們忙碌而易於焦躁，所以，時常可以看到由於焦躁造成的事故，但是焦躁之心實在難以控制。

《法句經》四〇六說：「在爭鬥的人之間，不會爭鬥。在粗暴的人之間，心存和善。在執著的人之間，沒被執著。我將這些人稱為婆羅門。」

我們如果真正愛自己，就應保護自己，不被惡所害，同時努力矯正歪曲的心。認為「自己最可愛，但又不好好維護自己，使自己遠離惡的人，就像只滿足於自己官能的人一樣」。

若能「冷靜的判斷」原因與結果的關係，我們能忍耐，並且有心情思考，如此心才會平靜，這才是真正的勇者的教示。

# 28. 自性靈妙

貧窮不可恥，但亦非名譽。——猶太諺語

時常可見上班族或苦力勞動者，在小酒舖淺酌論杯計價的情景。他們心情似乎十分滿足、愉快；但坦白說，是零用錢所剩無幾了。因此，他們本身也不會感覺在小酒舖淺酌一、二杯是很奢侈之事。

然而一些富有者也認為，「能在那種地方喝酒，才是最高享受」。這些人只要想去那裡就能成行，可是他們還是堅持著「純粹品酒，還是小酒舖最理想」。以另一個角度來看，可說並非高級之處，但本人卻很窩心地享受論杯計價的酒。

當然，身無分文的人不少，其實應該有些錢財攢在身邊才對。貧窮絕非可恥，但是，有時會因貧窮使人臉龐喪失光采。如果有錢，就不必那麼客氣，也不必有所顧慮，對任何事都能深具自信的加以選擇。但簡樸的生活是值得歡迎的。

佛教五戒的最後一戒為「不飲酒戒」。不飲酒戒可解釋為「莫飲酒」。

某詩人曾說：「酒，始於人類的自欺；菸，始於人類的閒暇。」人類因酒而生出的事端不可說不多，但一經思索，這些事端並不是酒造成的，而是飲酒者不知自制而犯下的。酒非肇事者，酒也是被飲之後才導引犯罪行為。

釋尊並未嚴格禁止飲酒。只是明示酒是給人飲的，萬不可淪為酒飲人。《大吉祥經》寫道：「勿以惡業為樂趣，飲酒勿過量。」

由此可明白釋尊並未禁止飲酒。曾有人問法然上人說：「喝酒犯錯嗎？」上人回答說：「理論上是不能飲酒的，只是飲酒已成為約定俗成的習慣了。」

這回答蠻切實際。但「不飲酒戒」經過如此詮釋，反而從絕對禁止的意義轉為第二含義的「法」了。

古人說：「人飲酒、酒飲人、酒飲酒。」酒宴剛開始時，眾人慢慢的品嚐著酒，但一旦喝了太多，則被酒飲了，甚至後來，宴筵大亂，賓客喪失理智，人性皆失，故說酒飲酒，人已完全被俘虜。

達摩大師云：「自性靈妙，本來清淨法中，無生無明，名不飲酒戒。」

「自性靈妙」即我們的本心本性具佛性，此一佛性之存在不因煩惱而不存。然而可歎的是，眾生不是未能自覺及此，便是遺忘。

# 29. 真實的安心立命

全體是為個人而存在，個人是為全體而存在。
——亞歷山大・小仲馬《三劍客》

在讓人深感「言之有理」的名言之中，不乏其表現的意念和現實距離頗大。這也是無足為奇，理由在於那些名言只在陳述「渴望如此」的理想和期待而已。

「全體是為個人而存在，個人是為全體而存在。」是國家或公司在「為了全體」的冠冕堂皇名義之下，想犧牲個人，或者個人「為了個人權利」，擅意利用全體的現實之下，才會成立的兩句話。

若改為「公司是為了員工、員工是為了公司而存在」的表現法，則這些名言依舊無法脫離宣傳文案的領域。當然，沒有人會反對這種說詞。其中不乏有人認為，能夠這麼做最好。但是，這只不過成為一種目標而已。

不過，即使無法實現，只是作為口號也是深具意義。理由在於具有阻止個人任意行事的效果。

佛學的「能忍」，是指忍耐性，應該正確遵守規格之意。例如，好酒之人，因駕車須遵守交通規則，即使想喝一杯酒，也要忍耐，因為人之戒有表裡的關係。

加上「力健又努力者」是貫徹六度的實行力。努力布施給人，遵守持戒，奮勵忍耐，才能得到心安。奮勵的相對詞叫「放逸」。釋尊特別注重放逸，常常提出來訓戒。放逸不只是怠惰和任性而已。不想做工作也不想學習，整日遊手好閒，這樣做叫放逸。以工作單位來說，可比喻為「有沒有人在都無所謂」、「不在此較好」，像這樣的人，自己本身也不會感到生活愉快。

對於「心禪」的實踐，並不意味修行禪定的坐禪。坐禪並不只是打坐就可以，坐禪的坐是意味，我們的心能忍耐外來的刺激，禪是我們能忍耐內心的搖撼，這是忍耐與精進的雙疊。

我們的心不被內外撼動所影響，須對自己應做之事全力投注，也就是說能貫徹一致，才是坐禪的本命。例如寫字時，要一心一意去寫。徹可稱為「熱衷」，能貫徹切實去做，心就會充實安定下來。由於努力的累積，當然會獲得相當的開悟。

「安心立命」本為儒家用語，「知天命而安於不惑之境」。佛教也有此用語，但解釋不同：「信奉佛教，完全將自己託付，信心堅定不動搖。」

先發制人，後發被人制。
——《漢書》

# 30. 把握時間

對於約定的時間，絕對不可延誤遲到。倘若遲到，勢必難以避免必須向對方低頭道歉，「對不起，我遲到了」。如此一來，就顯現一見面你就必須讓對方一步。「路上交通壅塞……」或「準備出門時，又接到電話……」，再多的解釋都難以消弭對對方心理上的愧疚感。

當自己很忙碌時，總會自以為「這麼忙，稍微遲到也無關緊要」，但這只是你個人的藉口而已。看看對方，為了準時赴約，也曾調整自己的工作時間表。有時公司會遞計畫表給他，要求他出差，這時如果你未準時赴約，導致對方無法搭上預定班機時，該怎麼辦呢？

在十人的會議上，如果你遲到十分鐘，則十人份的十分鐘豈不浪費一百分鐘。這時候，還一副若無其事的態度說：「我遲到十分鐘。」就已經喪失成為事業夥伴的資格了。不守時的你，必然喪失信用。

古代儒學思想家淮南子所講的「常以沒有時間為藉口的人，即使有時間也不會把握。」對忙碌的現代人來說，有警惕的作用。當然，淮南子這句話是以學問為主題，但也符合現代人經營之道。

「我太忙了，所以許多計畫都無法實現。」像這類的藉口。實在不足為奇，因為人類常以此種冠冕堂皇的理由，來掩飾自己的惰性。

但這些人，您只要稍用心去觀察他到底做了些什麼事，就可瞭解他的計畫是否真因沒有時間而不能實行，事實上，最大的敵人是自己。

有許多該做的事卻沒有做到，這並不是當事人能力不夠，而往往是他們抱著敷衍的態度。他們實行的意志並不強，但又不願意承認缺乏意志力，於是就拿沒有時間來搪塞。但是，當這種人空閒下來時又如何呢？是否把計畫中的一切都實現了呢？事實上並不盡然，他們仍會找出另一個拖延的藉口；使得自己似乎永遠都沒有時間，都那麼忙碌，而生命中也常有許多事沒有完成的遺憾。

個人成就的差別，乃是基於如何有效地利用時間。在相同的時間內，有些人完成不朽的作品，有些人處理了日常的雜務，有些人卻含糊渡過……

# 31. 性格和時間

若能善加應用，時間是很充足的。
——《詩與真實》歌德

「做什麼事別人都說缺乏積極性，這是性格使然，毫無辦法。」對自己的個性，有的人就是固執不改。

要改變性格的確是件難事，但是，話雖如此卻不表示任由個性發揮就是好事。大多數人的性格，都是在人生當中磨練出來的。所以，反過來說，性格也是可能塑造的。

英國的哲學家史賓塞說：「教育的目的在於性格的養成。」請在今後所塑造的性格中，加上積極性。如果覺得改變個性不易，就請考慮創造新的個性。這當中必須有不停的自我挑戰。

如果我們保持良好的品格，就足夠富裕了。

欲提高工作效率，則工作順序為不容忽視的重點。時常抱怨「很忙、很忙」，或者「沒有自己時間」等的人，多半是工作順序不佳的人。否則就是企圖向周圍人們強調「我是竭盡所能，努力工作者」的發言。

當然，工作是有優先順位。若是關係者數多的工作，和只關係自己一人的工作，則先從關係者多的工作著手。

受委託的和有期限的工作，則先從期限業已逼近的工作下手。

儘管如此，但依舊有人只會按照順序處理堆積在眼前的文件。在這種狀態之下，無論多麼認真、努力工作，終究還是徒勞無功。結果造成周圍人們的焦慮、迷惑。

在休長假之前，可將工作委託他人處理，切勿一味的堆積在桌上，俟銷假歸來才著手處理，結果卻使自己被自己的工作所追逐壓迫，而滿腹牢騷的抱怨「忙得不可開交」。

如果用普通方法不能解決問題，就得靠非常方法了。若想一勞永逸解決困難，就得靠超人的意志去突破。同理，若要成為人上人，就得吃下苦中苦，因為天下沒有白吃的午餐，倘若成功很容易，那麼，人人都是成功者，也是平庸者，這一來，世間還有凡聖的區分嗎？

# 32. 不撒謊得到好報應

一個謊言一定要用另外的謊言彌補，否則它便會漏洞百出。
——格言

我們如果經常說亂七八糟，錯誤的廢話，將會有怎樣的結果？

故意騙人說「狼來了」而得意洋洋的少年，在真正被狼襲時，儘管大聲求救：「救命啊！」「狼真的來了！」但誰也不會當真，再一次相信他，最後少年無法脫身，白白送上一命。

這是《伊索寓言》當中有名的一則故事。喜歡撒謊的人，一旦真正有事時，沒有人會理睬他。

同樣是《伊索寓言》裡的故事，鳥和獸開始戰爭了，一直冷眼旁觀這情形的蝙蝠，認為鳥大概會獲勝，便說：「因為我有羽毛，我是鳥的同類，我會幫忙他們。」

這樣說著便加入了鳥軍的行列。

接著，野獸快要贏得勝利時，那蝙蝠偷偷溜出鳥軍，同野獸們說：

「我的樣子像野獸，讓我加入你們的行列吧。」

於是，那蝙蝠又成為獸軍中的一員。

不久，兩軍終於和好如初，兩軍都對蝙蝠同時加入對方的行列表示譴責，於是牠既不受鳥的信任，也不受獸的歡迎，很快地就被趕走了。白天無法到外面去，只能隱藏在樹木或洞穴的陰暗處，晚上才出來活動。

其他還有兔子欺騙鱷魚的故事，以及五色鹿的故事。溺水被人救起的男人，本來答應保護鹿居處的秘密，但最後卻破壞了約定，終於被國王逮捕，為了金斧頭而撒謊，連自己重要的斧頭都失去了，則是一個貪婪傢伙的故事。

自古以來，撒謊的人佔了便宜，得到好處的故事可說是絕無僅有，我們的日常生活中，便有許多這樣的實例。

重要的是，不希望別人撒謊，首先自己應不要撒謊，這點應多加思考。

《論語．為政篇》中說：「思無邪。」所謂思無邪是說明道德思想論語的話，在禪的世界，所謂思，是人的各種想念，而所謂邪，是判斷心，表示人在想念中已經沒有判斷的心，即是大悟徹底的心境。佛教也以思無邪表現超越善惡。

未知的世界，好比大海，而良心是未知世界的指南針。——名言

# 33. 誠實的語言

佛教既沒有支配人的全能之神，也沒有所謂的惡魔。在人之上不做神，在人之下沒有惡魔，使人幸福或不幸的便是人自己本身。

人的身體狀況、語言方式及心理態度如果能合乎「法」的話，便能正正常常地生活。若是不合「法」，便變成過著偏狹的生活。身體的狀況稱為身業，語言的方式稱為口業，心理的態度稱為意業。業無論好壞都是人自身歷史的累積，這不僅是自這一代，從久遠的古代身、心、意三業的經營，就一直支配著人。

但佛教不主張命運主義，它教導我們，人既能創造命運也能改變命運，這也是源自三業的功能而來，也就是說，佛教教導我們，人無論如何都必須對自己的言行舉止負責。

身、心、意三業之中，有關口業這一項最多，頗值得深思。說人壞話，褒獎別人，都是從嘴巴說出來的，嘴巴仍是不變的那張嘴巴，釋尊告誡我們，縱然是真實

的事情，如果會使別人有不愉快的心情，就不可說出來，我們常對別人說：「因為這是真的，所以我才告訴你。」但事實上，因為真實反而不能說出的情形居多，人生就是這樣子，不是嗎？

無論多麼愉快的事，也不能將不是真實的事說出來——釋尊這樣告誡我們，因此，他禁止開玩笑、撒謊及說大話的作為。說恭維話是聽起來很好聽的話，但因為不是真實的話，也應列入禁止的項目之內。

常有人為了得到別人的歡心，便一意巴結、奉承，但說的話卻完全沒有誠意。因為沒有誠意，即使話說得多麼漂亮，聽起來都是虛幻不實的。

並不是嘴巴說出來的便是語言，心裡所想的事情也是一種語言，以身體付諸行動也是語言。

語言不僅僅是嘴巴所說的話而已，身體也在說話，以身體來實行，表達心裡的意念，所以，我們常可藉由「肢體語言」洞悉一個人的心思。

雖然表面上說好聽的話，如果沒有伴隨真實，只不過是一種矯飾的語言罷了。語言必須由真實及實際行動來證明，才能說是真誠的語言。

# 34. 接納自己，愛自己

> 拯救自己者為自己。
> ——諺語

青春時代的特徵之一，是自己無法愛自己。

諸如「為什麼腳會這麼大？」「嘴巴應該再小一點」或者「體毛太密」等等的不滿情緒，都是發自對肉體上的不滿。

運動神經遲鈍是令人可悲，但頭腦差的自己，也是讓人難過、煩惱，或者繪畫不佳、不擅長音樂等等，以致無法和同學一起活動的自己，會陷入自我嫌惡感。

年輕人過度追求完美，即使一點小缺點也感覺嚴重，而認為是決定性的缺陷。進而產生不滿、焦慮、自卑、不安、劣等感等，最後形成消極的性格。

假若年紀輕輕時，就好像什麼都懂，一副非常穩重的樣子；那他就不可能懷抱著遠大的理想；失敗時也不會有捲土重來的勇氣；因他沒有繼續追求夢想的年輕心境。而這就是成就大事的關鍵。

自認為無事不通，或比別人略高一籌的人，您無須期待他的進步。

既生而為人，就需以不斷的學習，來配合時代潮流；常認為自己懂得太少，這是鞭策我們進步的動力。所以，假若為掩飾學問的淺薄，而佯裝凡事都懂，只是會永遠陷自己於懵懵懂懂的困境中。

無論做什麼事情，有無自信是一個人能否發揮全力的關鍵。也就是說，面對著某件超出能力範圍的事情，但卻不因此輕言放棄，仍舊充滿信心而全力以赴；那所得的成果也將是令人意外的。

現代人也都有「自己最可愛，自己最尊貴」的觀念。然而卻也認為「我才不理會旁人，我自己好就好了」的自私想法。這種想法太利己功利了，絕對是不可以的。一旦有此想法便是糟蹋自己，絕不是珍惜自己。

不知要珍惜自己，實在太傻了。真正珍惜自己的人，絕不會做損人利己的行為來糟蹋自己的純良本性，他會使自己的生命更充實，積極學習佛法。

可是，能開悟到「除了現有的自己以外，不再有自己了」，突然之間一切會變得不可思議，自己的眼前展現一片光明，自卑感自然煙消雲散，自信倍增。

總之，應該接納自己、愛自己。這才是拯救自己之道。

# 35.恩怨有報，自食其果

小人閒居不為善。——《大學》

小人閒居不為善，意味「思慮淺，不累積修養的人，閒居時會做壞事」。

人類是周圍沒有眼光注視著你，或者未受到相當程度的強制，就很容易懶散的動物。一旦家人外出，或獨自一人躲在房間內時，因為太無聊就會做出自慰行為。可是如果有該做的工作時，在自慰之後往往會陷入自我嫌惡或疲憊感，以致延誤工作，結果喪失信用。

打電話惡作劇，或者背著妻子（丈夫）做出不倫之事，都是因為時間太多，閒著無事可做所造成的。被指責紅杏出牆的女性辯解著「是你冷落我」。但是，因為被冷落過著孤寂生活，而做出「不善」的行為，是沒有男女的差別。

將一切非建設性的行為視為不善的社會基準，令人無法贊同。但是，後悔和決心之間，猶豫不決的惡循環狀態，應該儘早根絕。因為，這是非常非建設性的。

世間有許多現象看起來很奇怪，好像莫名其妙地出現，其實不然，所謂無風不起浪，誠如科學家愛因斯坦說：「天下絕對沒有偶然的事。」

只是人類的智力還不到明察秋毫、無所不知的程度，才不知事情出現的背後原因，或整個過程的來龍去脈。

如從佛法的觀點說，人生遭遇的起伏轉折都有它的因緣，而且有些來自前世，自己看不見，對方也不知道，才會覺得很突然、很奇怪，殊不知不是湊巧，也不會奇怪，三世因果而已。

有人壞事做絕，為所欲為，仗著財富與權勢消遙法外，好像很有辦法，其實未必，他們逃不掉三世因果的報應。縱使今生沒有報，肯定來世因緣成熟會有報應。反之，有人說：「若今生沒有機會報答，來世做牛做馬也會回報……。」可不是無的放矢，因為因緣果報是一條無相法律，連貫三世。

如果把自己的慾望當成一種目標，一種理想，而且是督促自己的力量。那這種人就可以因利慾的鞭策，而開拓出光明的坦途。

《禮記》說：「得志時要慎慮，不得志時要熟慮。」

成功者與失敗者最大的差別就在這裏。

# 36. 成為社會的「廁所」

作善者，在此喜；在彼喜，處處皆喜。見清淨之業，他樂；他喜。
——《法句經》一六

某公立高中的畢業典禮上，來賓對畢業生們做紀念的演講。

「各位之中也有許多人將來準備進大學！當然也有許多人決定就業。或許也有人會結婚、生子成立家庭。但是不論諸位將來到了何處，成為什麼樣的人，有一件事我希望諸位不要忘記。

那就是，不管你們到了什麼地方，請你們成為當地的廁所。」

一開始大家嘩堂大笑，好像不知道來賓講的究竟是什麼意思。於是來賓接著說了下去。

「一個屋子裡有許多的房間。有書房，也有餐廳。有廚房、客廳、寢室，也有遊樂的房間，各種各樣的房間都有，而一旦發生情況的時候，每一個房間都可以做為其它的房間使用。例如在餐廳可以看書，在廚房睡覺也絕非不可能。然而，在一間屋子裡絕對不可以做為其他房間使用的便是廁所。不能因為有點想試試看，便在寢室或廚房中小便。

所謂的成為廁所，其意義乃在於——不論是在家庭中，在公司裡，或是在其它任何的場合，都要成為這社會中絕對必要的一份子。

亦即，在我們的世界中，名譽、地位高或低的人。因各自的能力不同而有各種不同身份地位的人，可是絕對不能成為讓人覺得存不存在都無所謂的人。

在一個公司中，經理一個就夠了。即使每個人都是經理也沒有什麼用處。反過來說，如果每個人都成為經理，那這個公司就要四分五裂了。但是，不論是職員、組長、課長、襄理都沒關係，只有當你成為每個人都希望你存在的人時，在家庭、在公司，或不管在哪種社會中，都能夠生氣勃勃地生活。單只是地位、名譽、財產的堆積，並不能成為人類的生存價值，或是據此而獲得幸福，只有當每人在各自的場合裡成為絕對必要的人時，其人才會充滿光輝。」

雖然是很奇怪的比喻，可是所謂成為社會的廁所，便是在家庭內成為必要的一份子，在公司也無論如何要做個必要的人類。也只有在這個時候，才有所謂真正的社會共同體。

# 37. 心如「白紙」方能進步

愚者而知其愚，此乃賢者。
——《法句經》

人類總是很難去承認自己是「無知」亦即「愚者」。

事實上，即使我們口中說的是：「我實在是才疏學淺。」「我真是愚笨，什麼事都不明白。」然而心中所想的卻是「至少不如你淺薄」「即使如此，我知道得也夠多了」。

就拿作者來說，如果作者真相信自己是無知、是愚者的話，就絕無可能會寫出這本可能有多數人閱讀的「書」了。至少作者深自以為，在自己所鑽研的宗教和佛教方面，我是比其他多數的人所知更多。

人類是有限的存在，因此，理所當然不明瞭的事情直如山高。

曾有個佛門子弟向釋迦牟尼佛問道：「佛陀，您的勸說，是真實教義的全部嗎？」釋迦牟尼佛告訴他：「真實教義的數目，就如遠處可望見的大森林中的樹木其全部葉子的數量，而我所教導於你們的，只是其中的一葉罷了。」

連達到佛陀境界的人類都已是如此情形，我們這些平凡的人類，不論如何地努力，竭盡一生所積蓄的知識，實在只有細微的一點兒，而我們所知的，亦不過是冰山的一角罷了。不知道的事情就說不知道，這的確需要相當的勇氣。普通的人是很難去承認的。

「問了是一時之恥，不問則是一生之恥。」正如此話所言，不知道的事情不坦白說不知道，反而帶來更大的恥辱。

我們常用「會走路的百科全書」來形容一些看來好像什麼都懂的人。然而即使是這樣的人，其不懂的地方仍然相當的多。甚至不懂的事中，有些還會讓人驚訝「連這樣的事也不懂」！

既是好不容易身為人而擁有生命，那麼，最重要的便是儘可能地努力去求取更多的知識。但是，愈努力愈感覺到自己的無知，如果不然，不過是一個自滿的傢伙罷了，不是嗎？不知道的事情就坦誠說不知道，而且一定要想辦法將不懂的地方弄懂。如若不然，漸漸地，連自己不明白的地方也無所感覺，變成了一個十足傲慢自大的人了，不是嗎？

# 38. 清楚對方才施教

努力吧，勿流於放逸，應行向善之法。——《法句經》一六八

人類在養育、教育、能力等各方面都有所差異。人類平等這是毫無疑問的。可是自出生之後，由於環境、教育等各種條件的不同，再怎麼說人與人之間的能力還是有差異。

而不得不注意到的是，對於這些不同能力的人，我們所採取的是多麼錯誤的教導方式。也就是說，即使面對一些能力不同的人時，我們都誤以為如果我們教給他們相同的指示，每一個人都會一樣地了解，而且認為這就是平等。

能力不同，教導方式也要改變，無論如何這都是相當必要的。例如，即使對十個部屬說同樣的話，雖然有些人能正確地照辦，可是總有另一些人做不到。像這種情形，與其說是做不到的人不好，不如說是教導的人沒有採取正確的教導方式。難道這不值得反省一下嗎？

事實上，佛祖釋迦牟尼教導眾生正是採取所謂對症下藥的方式。這種方式現在

仍被認為是最佳方式而流傳下來。

對症下藥是一種什麼樣的方法呢？人類都有各式各樣的病症，要能找出是什麼病，然後再給予治其病的藥，這樣便能病癒。

如果弄錯了可就糟糕了。例如，如果拿瀉藥給拉肚子的人吃，只有更拉得厲害；反過來說，對那些苦於便秘的人再給予止瀉藥，便秘的情形就更嚴重了。

因此，是什麼病？治這種病得用什麼藥才有效，都必須徹底弄清楚。對醫生來說這就更重要了。發燒時到底是冷卻好呢？保溫好呢？如果弄錯了，就是不可原諒的誤診了。

同樣的道理也適於學校和企業團體之間。不論是企業團體或學校，不事先判斷正確對方的能力，便施以同樣的教導或說法時，要是以為這樣能提升效果，那可就錯得離譜了。

由於每個人的環境不同、能力不同、年紀也有異，如何針對其情形採取最適合其人的教導，這便是居上位者的責任了。

有段很有名的故事是這麼說的。——有個失去獨子的母親來到釋迦的居處求他

「釋迦佛！我聽說你是一個偉大的人，能不能請你設法救救我孩子的命？」這時候，釋迦會怎麼說呢？

「好可憐！好吧！我答應救你孩子的性命！代價是你必須拿一些芥茉籽來！」

「只要有芥茉籽就成了嗎？」

「這便足夠了！」

在這母親喜出望外地向外走去時，釋迦又追加了一句：「可是如果是要救小孩子的性命，尋常的芥茉子是行不通的，必須從在此之前都沒有人去世的家庭中拿來才可以。」

聽到這番話的母親，在腦海中想著「世上人這麼多，總會有哪一天從來不曾死過人的吧」，於是便出去村中一家一家地尋找著。

「給我一些芥茉籽吧！我要救我孩子的命！」

每個人聽了都很樂意地給她芥茉籽。

可是只要一問「府上可曾有人去世嗎？」「啊！已經是五年前的事了！家裡祖父去世了！」「我家去年就有人去世！」「我家上個月才有人過世呢！」不論到哪

一家，都一定曾有人去世。

村子裡每戶人家都去過之後，母親才發現，無論如何，既已去世便不可能再復生。

這個故事不正是根據對方的情形而改變其教法的例子嗎？在教導、指示人的時候，我們是不是有必要先充分了解對方的能力與環境呢？

以小人之心度君子之意固然不可以，但也不能不防範小人奸詐。所謂人心隔肚皮，或心機叵測，旨在叫人謹慎行事，不要輕信陌生客。眾生的品行、教養、行為……千差萬別，良莠不齊，若要收為門徒，朝夕相處，還是先小心觀察為妙。

凡事慎之於始，才會減少失誤。何況，出家修行是大丈夫的事業，絕對疏忽不得，也絕對不是任何人都能勝任，怎可不事先仔細觀察呢？

《論語・述而篇》說：「吾無隱乎爾。」此話出於孔子，因為弟子認為比不上孔子廣大的智德，以為孔子有所隱藏而懷疑孔子。

佛教對弟子也沒有任何隱藏，可能因不了解師父的心境時才有隱藏。「吾無隱乎爾」，就是要告訴弟子仔細的看，事實上沒有任何的隱藏。

# 39. 無慾反而是大慾

真正優秀者，必須瞭解任何事情都需要代價；唯有付出才能有所收穫。
——保羅．華鄧里

這世界上個人總有容身之處，且不論其選擇為何，個人會在某方面舉足輕重。有句話說：「雖有治病之神，但從病未能治癒中也可找出幸福之路。」這是非常好的一句話。正如我們到廟裡抽籤，常會因為「啊！大吉！」「小吉嗎？」「啊！凶！」等而一喜一憂，依我來看，如果抽到凶就要慶祝！為什麼？有哪一座寺廟在籤桶裡只放凶籤的？幾乎全部是吉籤。只是大吉、中吉、小吉的分別罷了，至於凶籤可以說幾乎沒有。大概一百支中只有一支是凶籤！甚至可以反過來說，抽到凶籤的才是好運兆呢？

事實上，我們到寺廟裡參拜的時候，所求的毫無疑間是現世的利益。無非是生意興隆啦！交通安全啦！考試錄取啦！求職順利啦！身體健康等，懷著這些目的才去參神拜佛的。可是，希望諸位仔細想想！

有許多的宗教向我傳教，希望我成為其宗教的信徒。

「一定請你要入我們的教，這一來，你一定可以獲得幸福。」

「啊！真的嗎？有哪些好事呢？」

「如果你入了我們的教，你的病就會痊癒，你的事業會很順利，而你的家庭也一定會很幸福。」等等，講的全是好事。

而我也必定會提出條件：「真的嗎？如果是這麼靈的宗教，我今天就要入教！但是我有一個條件。」

這麼一說，對方相當的高興，便說：「怎樣的條件？不論是什麼條件我想一定能如你所願。」

那麼，我就說了：「我想問一下，如果進了貴教，我便可以不死嗎？」

這麼一來，「不！只有死不行！」誰都不能向你保證。也就是說，即使在一時之間我們的病痊癒了，即使一時之間我們的生意興隆，可是到頭來仍是非死不可。

也許這聽來有些諷刺，可是如果為了使生意興隆便買入金錢蟾蜍，那麼因為買入金錢蟾蜍而生意興隆的，只有賣金錢蟾蜍的商店罷了。就此意義來看，這種想法並非不成立。但是，這種求現世利益的短暫慾望，就其本身而言不是太小了嗎？

我倒認為，雖有治病之神，可是病未能痊癒。自也有幸福之道可尋。亦即，儘管病痛未能痊癒，儘管生意不興隆，可是自其中不也可以找出歡喜嗎？

生病便接受生病的事實，生意不振便接受生意不振的事實，然後更要能從這之中發現喜悅，這種生存方式對人類來說，才是真正的幸福。而且只有這個，才是最大的慾望。

痛苦和幸福是表裡的關係，是什麼東西的表裡呢？其實是自心的表裡，幸福、痛苦根源的心會產生幸福，也會產生痛苦。

認真思索，可知個人之所以能存活下來，是因受許多人的照顧。而且不僅受人的照顧而已，也受大自然的照顧。另一方面，我們受人照顧，即打擾了別人，大自然也受到我們的打擾。人在生前困擾著周遭的人與大自然，死後也困擾人與大自然。

總而言之，在臨死的瞬間回顧此生，到底是否幸福時，只要能夠認為「啊！我過了多麼美好的一段人生。」那麼，便可以說這就是最理想的人生了。

# 40.「施與受」的極意

善事急赴，惡事守心。
——《法句經》第一一六

沒有幸運這回事，它只不過是永遠忠於職守，準備好日子來臨的代名詞。

據說日本的宮本武藏一生從未輸過。而事實上他卻有一個一次也贏不了的對手。這個故事是否屬實不得而知，只是做為一個傳說而留傳下來。而那個宮本武藏贏不了的對手是誰呢？只不過是一個沒有名字的黃口小子。

為什麼武藏沒辦法取得勝利呢？

當對手面向著武藏高高地舉起大刀時，忽然間在中途把眼睛閉了起來。這不管從哪一方面看來都絕對是個可乘之機，只要武藏願意，他可以輕易地殺了他。可是相反地，如果武藏真殺了他，對手知道自己將被殺，便會沈默地把刀揮下。這時，即使不能打敗武藏，至少會叫他受傷。

這就是為什麼武藏勝不了的原因。

也就是說，在被砍殺的瞬間，對手必定是靠近自己的身旁，如果在被砍殺的途中，沈默地將高高舉起的大刀忽地砍下時，至少可以使對方受傷。即使武藏能夠殺了對方，自己必然也會受傷，所以他仍是把刀收回了。

這傳說是否屬實並不知道。可是這世界上常有所謂的「以蝦釣鯛」，亦一本萬利的事。以適當的事物換取更好的事物，或者說是「施與受」，而專做一些認為只要做了這件，必定會得到更好的別件事物。

在我們的社會中，「施與受」的道理真可謂是實行得相當徹底，例如：在中秋或歲末時，沒有人不是藉著送人某樣禮物而期待著更好禮物的。雖然不曾在嘴巴上明說，可是心中卻的確想著「施與受」的事。

但是，大體上來說，我們人類所做的，通常是出之於己者少，而望得之於人者多。因此，如果拿出五千元，往往會在心中想著，應該會得到一萬元吧！

事實上「讓人割自己的皮，自己砍別人的肉」，並非意味著拿出五千元便想得回一萬元。而其真意在於相互之間都付出某程度的犧牲而相互取得交際，因此，也有真正勝負的意義。

日本的武士是兩手持刀。所以「我的皮可以讓你砍無所謂，可是代價是我要你的肉。如果對方砍了自己的肉，我就要砍到對方的骨為止了。」擁有這種覺悟，便是所謂的武士道的感覺。

亦即，諺語所云「唯有捨身才有機會」，必得捨棄得了自己的性命，才能夠完成某件事，而武士道之大死為要的精神，便是面對著大義，而可以捨棄自己的性命吧！

可是如今的現代人，非但不會讓人砍到自己的皮，甚至完全不讓自己受到傷害，連美味的湯汁都想要得到。那簡直是大錯特錯了，到底，讓別人砍自己的皮，自己砍他人的肉之覺悟仍是必要的。不是說「不入虎穴，焉得虎子」嗎？

各位或許聽過「蠟燭的服務」。於黑暗中點亮一根蠟燭後，原來漆黑的周遭，頓時明亮。蠟燭之火照亮周圍的黑暗，而自己本身的明亮並不會滅失。同樣的，我們服務人群，則世界將更趨明亮，而自己的德性也不會虧損。

人間要有恩情觀念，人與動物之間也不要太絕情，別動不動就刀殺槍殺，存有弱肉強食的心態。須知同是有情眾生，也都在六道輪迴，彼此在前世後世都有恩怨相連，總有互相報應的機會，只待因緣成熟，所以要特別慎重。

# 41. 珍惜今日

一朵花的聲音，一枝花的真實，永遠不滅的生命，淋漓盡致的發揮。——《禪心禪語》

俗諺：「花無百日紅，人無千日好。」

我們看到花朵盛開的時候，常會想著「啊！好美啊！真希望花瓣不要一片一片地凋落下來！」事實上，現在已凋零的花與尚留在枝頭的花，它們之間的不同只是早晚的差異，遲早會如俗諺的「花無百日紅」一般地凋謝下來。

對人類來說，每個人一定都曾送走過許多以死的現象來離開我們的人。或者是雖不曾碰過別的死亡，可是自己倒非先死不可。

親鸞聖人決心當和尚那年，據說年方九歲。當親鸞聖人來到其師父慈鎮和尚的地方，再三懇求讓他成為和尚時，師父問他：「年紀小小的，為什麼要做和尚呢？」

此時，親鸞聖人回答道：「事實上在我九歲時就已失去了雙親。為什麼人類總是非死不可呢？為什麼只有我非離開我的雙親不可呢？無論如何我都不明白。所以我一定要成為和尚，自己來探索這個原因。」

「我明白了。那麼就讓你當個和尚吧！但是今天已經太晚了，明天一早我再幫你剃度，今天你早一點睡吧！」

當時親鸞聖人便吟了一首詩——

薔薇心存明日香　豈料今夜山風強

亦即：「師父，您雖說明日一早幫我剃度讓我成為和尚，可是我可不敢保證我想要成為和尚的決心能持續到明天啊！而且，師父您如何敢確定，您自己的性命能持續到天明之後呢？」

慈鎮和尚聽了認為是非常嚴正的一席話，不由得擊了一下掌說：「的確的確！你說的相當正確。正是『智者有時也會叫愚者指點迷津』，真是對不起！」然後便立刻為親鸞法師剃了度。

事實上，我們的人生也是同樣的情形，送走許多人的人，相反地，和被許多人送走不得不死的人，這二種人之間或許有所差別，可是到頭來仍是「花無百日好」，終非凋落不可。

現在開始到百年之後，現在正看著這本書的人之中，應該不可能還會有人生存在世。當然，人類是相當任性的動物，有些人或許會覺得「說不定，只有我一個人能夠活到一百二十歲呢?!」而每天安逸地渡日吧。

這麼一想，到底「花無百日紅」仍是一個不變的事實。

現在科學是愈來愈進步了，文明也更發達了。不論如何，對我們人類而言，命這個東西，永遠無法保證今天存在之後，明天仍會繼續。而「朝為紅顏，夕為白骨」這句話不也仍同樣地適用於現代嗎？

現在的年輕人當中「不知自己應做什麼」的人很多，無法判斷要作什麼，或不作什麼。意味缺乏基礎的哲學，但是哲學這句話很難懂，不必去追究。只要看見開得很美的花，感覺它的美，聽見小鳥啼叫，坦誠的覺得它好可愛，這樣就可以了。

真理與幸福並不在遠方，而在我們心中，但很難求得。人之常情多憧憬遠處，故不易發覺這是迷而陷於迷。

我們不應只每天每天地想著明日，相信最重要的是珍惜今日。

# 42. 利用機運和避開災難

心被境轉，難得成果。
——《大智度論》十七

考慮過分困難就多，毅然實行必為開朗。我們常說「當金錢和父母都存在，我們就容易忽略了」，這句話的下一句便是「在無運無災的日子裡，我們也不會去注意到運和災難」。

「運」這個字眼通常包含了惡運和幸運二種含意，在這裡的運，是指幸運。

正如諺語所云「人們忘了天災時，災難就來了」，災難常是在不知不覺間忽然突生的不明事件，而這裡所談的災難，除了天災之外，還包含了人為災難。

以往人們認為此類災難之代表有「地震、雷、火災、父親」，現在父親給人的災難印象已變得薄弱，取而代之的卻是交通事故。

不管是那一種災難，我們都無法預知它將於何時降臨。今天一日平平安安，未必明天也能平安渡日，在這種警告的同時，相反地，使人懷抱希望的是，不論今天如何不幸如何倒楣，說不定明天幸運之神就向你飛舞而來。

所謂「前途莫測」，人生不可能持續著幸福，同時也不可能永遠不幸。

但是，如果從沒遭遇過災難，漸漸地便習以為常，忘了現在這種狀態便是幸福，反而奢求更多更高的幸福而發牢騷。

正如生病之後才知健康好，健康的時候，自己一點也不曾感受到健康是多麼幸福的一件事。同樣的道理，也適用於所有的幸運和不幸。

一有了什麼不好的事，便覺得從此不幸將跟隨在身旁，而沈入絕望的深淵，對人生感到死心；或者相反地，稍一接觸了幸福，便恍若置身天堂，錯以為這種幸福的狀態將持續到永遠，這些不正都是我輩凡人的通病嗎？

而那些不願付出任何努力，卻一心巴望著幸福來臨的人，不正如等待著「福自天降」，不務農事，卻等著兔子跑來撞上樹樁而死，自己好順手取來的「守株待兔」農夫嗎？說不定等到最後幸福之神都不曾眷顧，而對於災難，只要不疏於警戒，一旦發生任何變故，或許便不至於太過慌張了。

因此，對於人生，除了一邊品味著幸福之外，也要常懷著應付不測之災的心理準備。

人生有所謂的四苦八苦，然而在四苦八苦之中並非不可能找不到幸福，只要我們能不死心、不怨嘆地生活下去，不久在我們的面前便會閃爍著幸福。

再者，不論多麼悲傷或痛苦的事情突發在我們身上，只要我們心懷平常心的準備，即使不可能逃避得了災難本身，至少可以把被害程度減到最小限不是嗎？

有不少的殘障者，身處逆境仍認真學習著適合自己的技術，一心不忘對社會有所奉獻，實在令人十分感動。他們口氣堅穩的說：「唯有充實自己，克服人們異樣的眼光，才是最重要的。」

更有人說：「當然，真心關懷我們的人很多，十分感謝他們的關心與同情，但我絕不依賴他們。」

身體受到嚴重傷殘還不起瞋恨心，也不遷怒對方，這種高貴和深厚的慈悲行與忍辱行，雖然不是等閒人可以修得到，但是，最起碼的忍辱心是社會生活的必要條件，千萬不能動不動就瞋恨和嫉妒，這樣很難與人和睦相處。

上天對人類是公平的，它補償人們的受苦；也會令人辛勞，因為最大的勞苦工作附有最大的報酬。

# 43. 好好玩，好好工作

金烏急玉兔速。
——《碧巖錄・一二》

百折不回固然重要，但也不能忽視智慧，才能生起意志力與方便法，並獲得最後的成就，否則，只靠魯莽也不能成大事，遑論功德圓滿，皆大歡喜？

在以前，父母常常對孩子說的一句話是：「好好唸、好好玩！」為什麼最近流行所謂的「一心二用」？愈來愈多的年輕朋友，喜歡一邊做著這個、一邊又從事那個。一邊看看電視、一邊吃飯；甚至眼裡看著漫畫，身邊塞著耳機……這麼一來，是什麼也完成不了的。

雖然聽來有些駭人，可是的確有人在早上上班前，帶著報紙上廁所。真想問那些人，難道他們每天都忙到非得一邊蹲馬桶一邊看報紙嗎？把報紙帶進廁所看，可能所讀的新聞只瞭解一半，也可能排泄物也只排出一半，一到公司，非得再上一次廁所不可。

不論做什麼事，都得專心致力於一件事上。這便是這裡想說的「好好玩、好好工作」。亦即，不論從事任何事，都必須把全部精神集中在同一件事情上。

現在，在台灣相當盛行，在歐美社會也很流行的所謂「禪」，乃是佛教的一個派流。聽起來禪或許很玄，其實簡單而言並沒有什麼，以一句話來解釋便是「精神統一」。

何謂精神統一呢？便是將心力集中在同一件事情。只是對人類而言，將心志集中一處是件頗為困難的事，因此，而有了「坐禪」這種形式。坐禪是幫助精神集中的最理想方法，自古便為人採用。

但是，在禪宗系統的寺院裡面，不光只是叫人坐禪而已。不管是多麼了不起的大人物，都要被迫掃廁所、煮飯，甚至到田地耕作種菜。不論正從事什麼工作，都必須把全部精神集中在上面，這便是禪的真精神。

當然，有個傳說，說是某個地方官曾經一次聆聽十個老百姓的各種訴苦，然後一個一個地給予最適合其個人情況的答案，如果叫我說說自己的意見，我要說那不過是個傳說罷了，不足採信。

人類仍是不可能同時從事兩件事。做任何事時，最要緊的難道不是把心力集中在同一件事上嗎？吃飯時就專心吃飯，唸書時就專心唸書。

而可惜的是，大部分的人下班之後，往往是一邊打著麻將，一邊想著公司裡的事。或是相反地，在公司一邊辦事時，一邊想著待會兒下班後要到哪兒喝一杯。

像這種情形，如何能正正經經的辦事？在工作的時候，還是得努力集中精神工作。若無法區分工作與遊戲，便不可能出人頭地。

「好好玩、好好唸！」——當然「好好玩」得擺在前面，不論怎麼強迫孩子「好好唸書！好好唸書！」光是逼他唸書，不見得他的書就唸得好。結果是一邊唸書，一邊聽收音機，一邊想著其它的事，而肚子餓了，便光想著要吃飯。

與其如此，倒不如一天只要他唸一小時，只要他能專心，一小時便夠。而在遊戲時，就讓他玩個痛快。只有在這麼想的時候，才能充分發揮每個人都有的優點。如果是一天二十四小時都想著公司的事，或一天二十四小時全想著家裡的事，終究不能成為一個出色的社會人。

「金烏急玉兔速」，表示時間消逝的迅速，光陰似飛箭。時間不斷地在流動，且流動快速，甚至不讓妄想、辨別有插入的餘地。

最真實的譬喻，最迫切的覺悟。
——《雜阿含經》四十三

# 44. 天堂與地獄

學佛有無因緣、善根與福報固然重要，但也不表示有了這些便能馬上開悟成佛；其間要經過漫長的修行精進，直到智慧成就，才能得到淨化心境，除去煩惱。

不知是何原因，竟有一種說法是，人死後會上天堂。可是老實說，人死後有資格上天堂的人少之又少。根據統計，台灣人不是佛教徒至少也是信奉道教，基督教徒人較少。

有些人只有在十二月的聖誕期間，才稍微做個基督徒。對這些人忍不住要罵他們是「一天的基督徒」。那樣子的人死後會被天堂接受才怪。

在聖經中的確有「敲敲看，就會開！」的話。只要敲一敲，天國之門就會打開吧！但是門一開，「你是誰呀？」「台灣人嗎？」「你是基督教徒嗎？」「啊！只在十二月二十五日那天才是基督教徒吧！」「天國只允許終生為基督奉獻的人進入，而不是你這種只當一天基督徒的人」，說著不就被趕了出來了嗎？

說是這麼說，可是我還沒死，並不知道死後世界的情形。只是我想說的是，台灣並非是天堂和地獄，而是地獄和極樂。亦即相對於地獄的，非是極樂不可，而極樂和天國則有相當大的差異。

為何呢？在極樂與地獄的想法中，所謂的天堂不過是輪迴世界中的一個。也就是說，即使是在天人的世界中，很可惜的是，雖生在天人的世界，有時也非再度下地獄不可，所以絕非理想的世界。

那麼，到底地獄是否為死後的世界？這裡有相當多的問題，為什麼？

正如「陽世的地獄」所說的，不認為所謂的地獄是指死後世界的問題。在我們所居住的世界中，不是也有地獄嗎？而且這個地獄是我們自己所造的地獄。

人類的確可以將我們所居住的世界，造成一個如陽世的極樂般的理想美麗世界，可是不要忘了，在同時也將這個世界破壞成陽世地獄般的，也是我們人類。

在古今中外的各場戰爭中，在那些遭受戰火蹂躪的人們眼中看來，這世界不正如一個地獄嗎？這麼一想，不論我們喜好與否，很遺憾的，使這世界變成地獄或極樂地的，不都是我們自己嗎？

曾有個小和尚這麼問一個有名的高僧——

「到底地獄極樂是什麼東西呢？真有這些存在嗎？」

這個時候，師父告訴他：「拿水桶提桶水來！」

什麼道理也不明白的小和尚就用水桶端了水來。

「瞧瞧那裡頭，說不定會有地獄極樂喲！」

滿心狐疑的小和尚向裡頭望了望。正想著什麼都沒有的時候，突然間老師父把小和尚的頭壓到水裡面。

痛苦不堪的小和尚拚命掙扎，就在快要休克時，老師父忽然放開手。在小和尚快樂地猛吸氣時，老師父說話了。

「你埋在水中的時候即是地獄，而現在這樣地大口吸氣便是極樂了。」

這是非常具象徵性的對話。在這世上製造出地獄和極樂的，是我們自己。既是這樣，每個人都有責任手牽著手，共同去締造一個讓人有極樂感的世界。

《碧巖錄・一》說：「腳跟下放大光明。」表示在現實社會中，要仔細看看自己的腳下，不論任何時候都是放著大光明。

# 45. 拋開心病

菩薩作風，菩薩心。
——《大眾本生心地觀地經》四

眼、耳、鼻、舌、身、意好像人身的六個窗口，接觸外界，收受訊息，但會愛染自己喜愛的色、聲、香、味、觸和法，以至執迷不捨，而這六個窗口即六根，無疑成了苦惱根源。外界的是非計較，名望讚揚，都會影響人的心境，那麼，怎麼守持心境，不被外界所影響，也是快樂的關鍵。

醫學進步，現代人即使生了病，大部分只要看看醫生或以藥物治療便可痊癒。當然這其中，仍有如癌症的惡疾，是現代醫學尚束手無策的。但是不論如何，醫藥，亦即藉著醫生和藥物，大部分的疾病都能痊癒是一個事實。

但是也有一些病，單靠醫生和藥物是絕對無法治癒的，這又是另一個事實。當然，也有純粹地藉助醫生、藥物、手術便可治好的。例如，受傷等等，只要靠藥物便足夠了。但是，幾乎可以說是大部分的疾病，在治療的時候都關係到情緒上的問題。

證據之一便是，如果對接受其治療的醫生抱著一種「那個庸醫！他能瞭解我珍貴的身體嗎？」的態度，那麼一定治不好自己的病。

總之，對求診的醫生仍是非絕對的信賴不可！而在取藥時，可能也會被藥劑師罵，但是，如果對藥物缺乏一種信仰，也沒有道理會治癒。因為藥雖是治病的東西，可是相反地也有某程度上的副作用。

純粹身體上的疾病幾乎沒有，而有關情緒方面的卻相當多。例如：一日生了大病，雖然口中唸的是消災，祈求無病無災，可是卻是拜託神佛無論如何得治好自己的病。

而在現實問題上，也有一些宗教告訴人們，只要是我教的信徒，即使生病了也一定會痊癒。事實上，的確有一些人生了病而加入信徒行列，拚命叩拜之後真的痊癒的。我不認為這是迷信或是什麼的。

我只是認為，與其說是宗教治好了他，毋寧說是因為加入了宗教，有了信仰，便有了一種一定會治癒的信念，給予病人一種安心的感覺，因此，而治好了許多連醫生和科學都不能證明其療效的疑難雜症。

從此點看來，對人類來說，治好其身體上的疾病雖也相當重要，可是更重要的，便是要去除心病，不是嗎？即使在肉體上沒有任何一處不妥當的地方，卻是為了心病，人們便很遺憾地為此而食慾不振，不管怎麼說，對身體都會帶來不良的影響。

我們常說的戀愛病，很可惜的是，這是連醫生、草藥都沒辦法治癒的疾病。而很明顯的，只要一紙情書來到，或男朋友、女朋友來訪了，便可治癒的病。

像這類心理上的疾病，在現代這種高度成長的社會中，就是一個非常嚴重的問題了。事實上在美國等社會，現在最流行的醫生，令人遺憾的竟是精神科醫生。因為不論物質文明如何高度發展，不管每個人在物質上多麼富裕，然而卻只有人類心理上的疾病仍舊沒能獲致幸福。這種心病的肇因者不是別人，而是自己。而只要是留心要去除心病，結果非但是去除了心理上的疾病，甚至連身體的疾病也去除了，不是嗎？

佛教常說，要了解一切皆空的心態，必須體會本源的一心。而不用知識或智慧來說明自覺，我們將這種自覺的智慧叫做「般若」。

# 46. 生活常與討厭的人在一起

誰家無明月清風。
——《碧巖錄》六

人會因緣而產生各種心，雖說每個人都有佛性，但這種佛性加上不懂事物的無明，就會產生喜怒哀樂的心。因憎恨、傷心而過一生的叫做業障，但業障的根源是佛心。

在某報紙上刊登著這樣一則讀者投書。

「我的母親常常對我這麼說：『你是長男，所以長大後跟我一起住。』可是，我的父親雖是長男，但並沒有跟父母一塊兒住。為什麼呢？因為不喜歡母親。大人們真是隨意獨斷。」

我被這封讀者投書深深地打動。自己千辛萬苦愛護養育成人的孩子，長大之後一定會孝順父母吧！一定會跟父母一起住吧！抱持著這種想法的雙親們，對於自己的父母，又做了怎麼樣的一些事呢？

在我們的人生當中，即使討厭的人，也必須跟他們一起生活。或是即使是嫌惡的人，也非與他們共事不可。

事實上，四苦八苦中的第六種苦便是，與所憎、所怨的人處在一起的痛苦。例如，對學生來說，如果非選不可的必修課任課教授是個討厭的傢伙，真的會很不喜歡去上課，而對任職於公司的人來說，如果一起共事的同事是個討厭的人，或上司是個討厭的人時，那就更痛苦了。

酒吧中的商人或職業婦女，最常聊的話題便是上司的壞話。「為什麼我們課長總是這樣……」「我們經理是如此這般……」種種的壞話都說出口了。在眼前都是一副順從的態度，或是對對方所說的都洗耳恭聽，可是一旦到了背後，各種的指責都出籠了。

但是，仔細一想，即使是再討厭的傢伙，既然是自己所進的公司，就非得一起共事不可。更何況，如果住在同一家中的人有討厭分子的話，就真的很苦了，連我都很同情。

然而，再想看看，其實製造出痛苦理由的乃是自己本身。亦即，正是因為自己怨恨、討厭對方，所以會覺得與其一起做事、一起生活、一起講話是件痛苦的事，但是，如果完全不帶怨恨、不含憎惡，即使在一起，也不會特別感到痛苦或難受。

有個不懷好意的婆婆，作了一句下聯給媳婦看。

傳稱世上一鬼婆

「來，對個上聯給我看看」，媳婦一聽說，馬上便接了上聯。

賽佛心腸人不知

如此一來便成了——

賽佛心腸人不知　傳稱世上一鬼婆

這麼一對，婆婆也就完全沒有生氣的必要了。

同樣的事情，不也適用於社會上所有的場合嗎！例如，那些在背後罵上司的人，對上司而言，難道就真的是好部屬嗎？或者，如果叫上司跟自己一塊做事，難道也能很愉快地把工作完成嗎？這麼一想，便會發現這仍然是雙方面的問題。

反過來說，自己這一方如果怨恨、憎惡的話，對方不也同樣地怨恨、憎惡嗎？是不是當你停止去怨恨、憎惡時，對方也才會開始試著去考慮你的立場呢？事實上，我們不是也有必要去反省，製造出討厭傢伙的，其實是我們自己本身。

# 47. 完善的美德

懂理的人不一定懂事，但懂事的人一定懂理。——釋證嚴小語

有句話說：「地獄就是語言無法通行的社會，人的社會卻是必需語言的社會，極樂世界也是不需要語言的社會。」仔細思索便知此話涵義深遠。而站在這個角度來看，在語言無法溝通的極點，正是溝通的真正開始。

完善的美德，是背地裡也做可以公開於世的事。

雖是老生常談了，但是人們還是以為，再沒有像我們那樣真心話與外在主張如此不同的。

如果是外國人，在送禮物的時候，所說的是「這的確很貴哦！」或「拚了命才帶來這麼好的東西哦！」比較起來，其真心話與外在的主張是接近的。

可是如果是我們，則其真心話和外在的說法便相差很遠。特別是女性，甚至有可能真心話與外在主張是全然相反的。

「喲！今天穿得好漂亮呀！是法國製的吧！」

「是呀！是皮爾卡登的。」

「好適合你哦！真是漂亮！」

一邊嘴巴裡讚美著，一邊就在肚子裡罵些「什麼嘛！那隻猴子！一點也不適合她，我穿的話就比她好看多了！」等等亂七八糟的話。

當然，如果真心話與外在主張過於接近，在現在的社會中，可能有些勉強。

例如，帶東西給長輩、學長學姊時，或是送禮給上司的時候，如說的是「這是很昂貴的東西，是我從薪水中辛辛苦苦攢夠了錢才買到的！」想必對方的情緒不會太好。相反的，如果接受者說「什麼嘛！這麼微不足道的東西，你不是該帶點更好的東西嗎？」結果也一定氣氛不對。

在此意義上來說，或許某程度的真心話與外在主張的分歧，至少目前社會生活上，可以說是必要的為惡。

但如果仔細將真心話與外在的主張分離開來，在日常生活中，我們豈非又要不能分辨何者是真心話，何者又是外在的主張了嗎？

即使說出某程度的應酬話也是沒有辦法的事，可是在這些場合外的人與人之間的交往，希望能儘量觸及內心的真心話。

說別人壞話最要不得的是，不在對方聽得到、看得到的面前說，卻專趁對方不在的時候說。這是最糟糕的事，如果想說，就直截了當的在其人面前說吧！

對人類來說，輾轉聽來的壞話是最令人不愉快的。相反地，如果是直截了當在眼前說給自己聽的忠告，或許當時會生氣，可是仔細一想，如果能明白對方是真正關心自己，便會覺得相當受用。

其次，如果當面給予忠告仍不能對他有所助益的話，那麼，這便是個沒有前途的人，就此放棄了他倒比較好。

說到這裡也許有些說得過火了，總之，在我們的社會之中，要儘量以真心來對待他人。只有這樣，當我們每一個人碰到真心話時，才會有全盤接受的心理準備。

光說應酬話並不能使這個社會和諧地運轉。當然，如果都是真心話時，這個社會有可能會變得不穩定。但是在現實的社會中，為使大家的努力得到成果，儘量地使真心話和應酬話更接近，是相當必要的。

人的世界，如果有樂，它的背後一定有苦；如果有苦，它的背後一定有樂。

# 48. 為往生更好世界積功德

作惡者，在此憂，在彼憂，處處皆憂。見己不淨之業，他憂他煩。——《法句經》十五

充實人生的方式有很多種。宗教的教示頗具彈性，絕非僵固不化。但是唯一不變的原則是，不要誤以為「死的彼方」是在遙遠的地方，其實「死亡」便近在身側。唯有「死亡便在身側」的驚悸與警惕，才能理解「死亡」是超越時空的存在。

以前有首童謠的歌詞開頭是：「村外的地藏菩薩，看來總是笑臉迎人。」

這個地藏菩薩在民間各處都有供奉，特別是以做為小孩子們的守護神而出名。

當然，最近也出現了所謂的「水子地藏」，據說是未出生而夭折的嬰靈守護本神，而究竟這地藏菩薩是個怎樣的菩薩呢？在此我們就來探討一下。

如果根據佛教思想來看，在其創始者釋迦牟尼佛去世後，一直到下一個佛陀彌勒菩薩的現世，這之間的五十六億七千萬年稱為無佛的時代，而在這個無佛時代中，出現在世上拯救在此期間受苦的人，就是這位地藏菩薩。

而且這位菩薩不僅是在人世間，甚至在稱為六道輪迴轉生的所有世界裡，他都

是這些世界的救濟主，幾乎在所有的場合中，都被視為稱作六地藏之六體的地藏尊而供奉著。

所謂六道，從下往上說，指的是地獄、餓鬼、畜生、阿修羅、人間、天上等六個世界。而這些都還不是悟道的世界，所以，不管在這六道中的哪一個世界，反覆地輪迴都是必要的。

但是，如果地藏王只被當做一體來供奉，那一定是以到最下層地獄的地藏形象受供奉著。

那麼，為什麼這個地藏菩薩又會成為孩子們的守護本神呢？

在佛教的教義中，依據自作自受、因果報應的想法來看，死後的世界是因在世的行為而決定。而如果在幼小的時候便去世，或者還在母親胎中時便夭折，根本不可能會有善惡的行為，所以，很難決定要到什麼世界去。

因此，這些小孩子們便藉著在陽世和陰間中間的三途之河的河灘上撿拾小石子，「第一個是為父親、第二個是為母親……」如此這般地積存往生更好世界的功德。

可是，像這樣地積存功德，受苦的是那群稱為地獄獄卒的鬼們，於是他們便拿著大鐵棒，推翻小孩子們好不容易堆積起來的小石塔。

在此時飛來自群鬼的攻擊中守護小孩子們的，便是這位地藏菩薩。

因此，這個地藏菩薩就被相信是幼兒和孩童的守護本神。而且被推定應該讓他穿上兒童的棉坎和圍嘴兜。可是地藏菩薩本身並非小孩，所以並非穿在他的身上，而只是供奉在尊前而已。

一般來說，如果是因為生病、意外事故而死，或是流產、死產等原因而致死便無可厚非，可是如果是雙親隨意地圖自己利益而墮胎，認為做了水子供養，「被殺」的孩子便能得救，那可就大錯特錯了。

就此意義上來看，不要製造水子（出生後不久即死的嬰兒），應該是做為一個人類的最低限度。

人生在世，會有無數危難和險關，不論聰明或愚人都不能例外，但吉人天相，善緣善報最重要，若不得已碰到時，不要驚慌，先自行冷靜分析，有果必有因，碰到這種難關的原因在那裡，之後靠機智去化解，才能化險為夷，安然渡過。

# 49. 不要輕易「往生」

精進是不死之道，放逸是死之徑，努力精進者──不死。

──《法句經》二十一

現代有許多的宗教用語常遭誤解。其中之一便是往生，正如其字面上所顯示的一般，「往生」原來的意思是生於極樂淨土，也就是死的意思。

同樣被誤解的還有「成佛」一詞。從字面上來看，「成佛」即是「成為佛陀」的意思，而事實上「成佛」指的是生往死後的世界。的確，成佛的意思也使用在往生死後的世界之意義上，而原來的意思則是成為佛陀，也就是象徵著如釋迦牟尼佛那樣悟道的事情。

在我國由於淨土教的影響，死後便會在極樂世界成佛的觀念一直根深蒂固著，所以漸漸地「成佛」和「死」就成為同義語一般地使用。但是，希望諸位都得記住其原意乃是佛，亦即悟道的意思。

且說，當被問道：「人性本善還是本惡？」的時候，你會如何回答呢？有個非常有趣的統計。

在全世界的青年人中回答「人性本惡」的青年，比回答「人性本善」多。他們的回答常是：「人類這類動物的本性本來就是惡的，是本性惡。」可是真是如此嗎？

孟子認為：「人性本善。為什麼呢？不論多壞的惡人，在他經過井邊的時候，當他看到有個小孩跌跌撞撞地倒向井邊時，一定會伸手救他。因此，人性是本善的。」

也就是說，剛初生的時候其本性是善良的，可是漸漸地成長之後，受到周圍各種不良的影響，逐漸染上了惡的氣習了。

當然反觀現代的社會，多的是只要自己幸福就好，全然不管他人死活的例子。更嚴重的是，輕易地把自己所生的小孩丟棄在別人家門口、垃圾車旁，甚至面不改色地將自己與丈夫所孕育的小孩，不費力氣地前往醫院墮胎。無論如何都使人不得不懷疑人性是否本善？

人的好壞沒有絕對不變，不論變好或變壞，都不離因緣，意謂再好的人，也可能在某種因緣下變為壞人，而再大的壞蛋也會幸逢善緣，得到善知識的勸導，而恍然悔悟成為大好人或大善士，況且世間的因緣是無常的，經常會改變，所以，好人壞人也可能不停變化，所謂世間人生，不外因緣果報而已。

有些人惡性難改，是來自先天，還是後天呢？實在值得思考。若依佛法說，不完全出自前輩子，幾乎都是後來環境造成的，因因緣緣，才變成惡性重大的人。

屢次遭受對方陷害，心裡難免埋怨、憎恨和憂愁，一旦有報復機會，恐怕誰都不會放過，殊不知這就是凡夫。

請堅信對方。相信、相信、堅信。當然，如果相信卻遭背叛，有些人會認為再沒有比這更痛苦的事了，可是只要你能堅信對方，即使被背叛，不正可以明白真正的幸福嗎？

就此意義來看，希望諸位不要輕易地「往生」，而更應該選擇一個仔細品味人生的生活方式。

苦惱的根源，來自一顆放蕩的心，不聽指揮，世人若要免於如此，便要請教善知識怎麼修持自己這顆心。但是，修持心意不是三兩天的事，而是一輩子的生活過程，只要落實佛教的戒規，境界會日漸提升，法喜不斷充滿，最後會安樂自在。

# 第三章　人際關係

# 50. 交友之道

能包容別人的是非或缺點，就是平凡中的不平凡。——靜思小語

人有一張嘴、二個耳，所以聽要比說多二倍。有人會說，「我是無口……」，然而卻像機關槍一樣說個不停。所以，那個人並非無口，而是六口的好言者。

其實，不懂得好好聆聽他人言語的原因，多半是忽視或不關心對方。於是，就會遭致對方的怨言。

對方一心想向你說明，讓你了解，盼望共同思考對應方法；然而坐在他面前的你，卻是心不在焉，對方的一番說詞等於白費口舌，結果惹得對方怨聲連連。不知禮遇對方的人，對方自然也會冷落你。瞧不起對方的態度，或者一面嘲笑對方，一面聽他人說話的人，會讓說者覺悟到「往後不再和某某人說話了」。

人際關係的裂縫，一旦超過無法復原的界線，就會終生無法回復，想獲得他人援助時，無人肯伸出援手。

因此，凡是有人和你說話，都要誠心的聆聽，才能獲得別人的信賴和成功。

《法句經》七八說：「勿與壞友交往，勿與卑者為侶。與心清者為友，與優秀者為侶。」

「近朱者赤」各位一定知道這句成語。「近朱者赤」意味人所結交的朋友的善惡，會感化我們善惡的事實，「卑者」意味心卑下的人。「侶」是指同伴或朋友。

在此順便介紹古代結交朋友的階級。

「交情為下」，指因投機而為友，逐漸加深情誼的朋友。稱「下」的原因，是因為基本感情淺的關係。

「交德為中」，指能感覺對方的德，這比前者好。但是卻只評論為中級，這是採分嚴格的原故。

被認為最理想的是「交恨為上」。例如，對方罵我、憎恨我、不喜歡我，對待我像敵人一般的人。能和這樣的敵人為友，稱為「交恨為上」。以寬容之心對待自己的敵人，而與他為友，被視為「上」。

確實，能感覺敵人擁有的優點，而與之為友的寬大胸懷，會令對方感動而改變對你的態度。

# 51. 見面三分情

竹密不妨流水過，山高豈礙白雲飛。——《禪林類聚》

有些人出生、成長於大都會，終其一生未曾用過腳底踩在泥土上而長大成人。也有人認為，所謂道路就是鋪設瀝青的路。確實，道路是被鋪裝過，但是，並非所有道路都被鋪裝過。

還未鋪裝的道路在溶雪的季節，或下雨時會顯得泥濘不堪。有時泥巴過多，雙腳就會陷入而無法自拔。但是，下雪的季節結束，或者雨歇放晴之後，會感覺腳底踩在路面上比以前更加穩當。春末初夏之際，這種感受特別深刻。

「雨後，地反而更堅硬」，就是以此自然現象為背景，比喻「即使發生事變，但比以前更加穩固基礎。」表面上是壞事，其實是好事。

在人際關係上，常可耳聞互相爭吵鬥毆的雙方，最後卻結為親家的體驗。因此，不做自我主張，但求平安無事的人生未免太貧乏空洞。在人際關係上，也要求取利用腳底確認不同感觸的喜悅。

林肯說：「和對方面對面談話，是消除彼此惡劣感的最好方法。」這與我國的一句諺語「見面三分情」頗有相通之處。

通常我們對於不太有好感的人，往往是盡量逃避或視而不見；但此種作風卻常更加深雙方的嫌隙，也更加深彼此的誤會。

與其採取此種一味逃避的態度，還不如強忍一時的尷尬，直接與對方溝通；那麼即使無法立刻解決問題，也可預防誤會繼續加深。

大凡人與人之間的交往之所以會產生誤會，都是由於不瞭解對方的立場，假若在這個時候能面對面坦誠地陳述自己的立場，必可促進雙方的溝通與瞭解。

假若你向來不曾有過良好的人際關係，而您又有心改變這種情形；那麼，就應先反省自己待人處世的方針。從細心的觀察檢討中，逐步改進自己的缺點，也督促自己更邁向圓滿的人際關係。

真正的朋友，並不是用錢買來的！

那麼，人能夠遠離朋友而生存嗎？有無朋友當然都可以活下去，但你想擁有充實美好的人生，就必須有同甘共苦的伙伴，有隨時為您的行為指出缺點的朋友。

# 52. 絕不困擾人

借錢給別人，不但失去錢也失去朋友。
——沙士比亞《哈姆雷特》

自古就有一句話「千萬別借錢給別人」。否則「既然借錢給別人，就認定這筆錢是送給他」。借錢給別人的人，應該擁有無法收回的心態。

又有一句話「借來之後就不必擔心，但借出去的人就要憂心忡忡」。想討回錢的那一方，會擺低姿態要求對方「還錢」，但借的那一方卻會擺高姿態說：「巧婦難為無米之炊。」有時要求借錢的人儘快償還，然而所得的答覆卻是「為了清償債務，你應該再貸款給我」。

也有人應用借一百元還一百元，借一千元還一千元，借一萬元還一萬元，以獲得對方信任的方法；然而，最後借了再無能力償還的大筆金錢。這時候債權者會認為，「過去信用極佳，所以才答應」，結果便陷入對方的圈套中。

切記，應避免輕易作為他人貸款的保證人，或者借印鑑給他人，否則很容易受到牽累，導致財產被查封而破產。

人不可貌相，但若我們只看表面，才會判斷錯誤。表面穿著普通的衣服，裝的很和平，可是裡面卻穿鎧甲，隨時想趁機攻擊對方，這樣的人，比比皆是。

我們不要只靠外貌判斷其人，應培養洞察其內面或心中的眼光。當然現今中像這樣的時勢是不可缺的。同時，能觀看自己內心謙虛的眼光，也須雪亮。

現代人往往曲解「自由」的意義，以為以自我為中心的「自我主義」即「自由」。遵守戒法是相當重要的。個人的行為應稍加控制；關懷他人，以維持社會的秩序。現代人應將戒律視為現代禮儀而加以遵守與實踐。

社會上有人服膺「絕不困擾人」的信條，實在可佩。然而若認為受他人照顧，打擾他人是應該的，也是錯誤的觀念，因如此則會成為依靠心重的人。而且這種情況無異是精神性的消費，日日困擾他人，精神人格不斷透支，最後終致人格破產。為避免人格破產，也應做些生產性的精神工作。而精神的生產，指心靈的充電，唯有如此才能完成人格，到達彼岸。

彼岸一詞梵文為**Paramita**，欲達彼岸，則須行六度萬行，稱「六波羅蜜」。波羅蜜為「波羅蜜多」的簡稱。

# 53. 君子之交

君子之交淡如水。
——《莊子》

人和人之間能夠融洽相處的要訣，在於交往淡泊。例如，「切忌提起對方最重視的事物」。

所謂「最重視的」，是指其人心底所秘藏的，或者因無法決定對策而深感苦惱之事。因此對於那些問題，他人絕對不可妄想加以干預。

儘管如此，依舊有人好於干預他人之事。以某角度來看，善意的干預或無責任的好奇心，可說是人們為了持續生存的熱能源，但同時也是禍源。身為人的我們，本來就必須自己一人背負真正重要的事物，是他人不可干預、商討的。

既然如此，彼此之間為了預防受到他人的干預或強烈好奇心的虜獲，在事前設定預防線，或事先擬定協定，也是促進人際關係的一種智慧。

能有如此作為，即可稱為君子。

十九世紀德國哲學家叔本華說：「結交一個知心好友，是飛向幸福的最可靠護照。」他認為人是世上罪惡的泉源，這樣的厭世哲學，由如此傑出的思想家提出，不僅說明他對朋友的渴望，也印證了朋友在人類生命中是扮演著多麼重要的角色。

一個在書房中探索研究的思想家，尚且感到光靠自己的力量，無法開展命運，何況是在競爭劇烈的社會中，需靠妥善的人際關係來維持的商人？所以，能獲得一位知心好友，不僅是成功的先決條件，更是確保幸福的護照。

但有一點必須注意的，好友雖是成功的必要條件；但是相識滿天下，卻常感到知音難尋。

如果朋友相交是基於利害關係，那只有相同目標的人，才會同流合污；如此的友情猶如建築在流沙上，有朝一日，終會因這種不正常的朋友關係而彼此毀滅。

反之，互相欣賞對方的人品，如此的友情沒有條件，也沒有利害關係；只有彼此信賴與照顧；一旦遭遇困難，友情的力量立即顯示出來，而幸福更是自心靈中綻放的芬芳花朵。

五代・前蜀貫休的《古意九首》說：「古交如真金，百煉色不回。」表示前人交友，他們之間的友誼就像真金一樣，不管經受任何考驗，情誼也不會改變。

# 54.不說人壞話

該做的及時做，不該做的不犯錯。——《靜思語》

「不，你說什麼，你這三八！」

「什麼，你才是蠢蛋！」

女孩子吵起架總是非常兇悍的，如果她是衝著你來的倒還好，但一旦她哭泣著向父母訴說，那就令人受不了，因為你既不是她所說的那麼惡毒，也不是存心要欺負她。

在這裡「三八」、「蠢蛋」只是一種比喻，順便提出來而已，究竟「三八」、「蠢蛋」是不是壞話，就不得而知了。總之，罵人的話似乎多半是有關品行不良的名詞，當然也有打架時說的話，那個時候不可能說出漂亮、好聽的話。

於是，因為一時的衝動，雙方互相扭打成一團，又叫又罵，但是，這樣面對面說對方壞話，還算是直接的方法，多半令人氣憤填膺的是在背後說人壞話的情形。作為一個世故的大人，自然有別於小孩的天真純潔，愈經歷更多的事情，只有使人愈狡猾，在背後說人壞話，最要不得。

壞話當然不說為妙，但如果你的字寫得差，別人不經意說了一句：「啊，你的字真差勁！」這算不算壞話呢？字寫得差有許多原因卻是不爭的事實，這本來便是無可奈何的事，怎能責怪別人無心的批評？

在聽見別人的批評時，雖對方說得也許一點也沒有錯，但你心裡還有許多「但是」想要辯解。「但是沒辦法」，「但是我正在努力」，「但是我比某某更好」，託詞「但是」，明明知道是辯解，我們卻無法坦然接受別人的批評。

大人們通常不會在對方的面前說壞話，為何如此呢？大人都是背後批評別人、惹事生非，這其中有什麼原因嗎？一言以蔽之，因為大人比較狡猾，所以，才不會在別人面前說壞話。

在說別人壞話之前，不妨先考慮對方的立場，以此作為是否要說壞話的依據。只任憑自己心情的好惡來說對方的壞話，等於自己向自己吐痰一樣。壞話不說為妙，但有不能不說的壞話，它和真正的壞話不同，是借用壞話的名義，說出真實的話語，以規諫對方，說起來如何批評別人還真是一門學問。

# 55. 禍從口出，幸由口入

唯有打開心胸，付出大愛，才能得到大智慧。
——《靜思小語》

惡口是口所為之惡業，相對的，讚美他人便是口所為的善業。可是讚美話若是虛偽不實的，則是奉承諂媚了。世人形容奉承諂媚的人是「馬屁精」。我們應該警惕自己「見賢則思齊，見不賢則內自省」，不可犯此錯誤。

古代有所謂「內股膏藥」的說法，膏藥黏貼大腿內側，難免左右互相摩擦沾惹，而古人便以此情況形容見風轉舵、立場搖擺不定的人；「妄語」則有二種意思，即說謊與多嘴二義。

以上之口業都是招致惡果的惡業。但另一面，口也能造作善業，若無口則不能唸經、唸佛積功德。所以雖「禍從口出」但「幸由口入」。口到底是災門或是幸門，則完全由自己的心決定。

今生今世跟誰相伴相識，或結親友，都是前世有過若干恩怨，因緣和合，才在今生相逢結伴，故千萬不能辜負這段因緣。尤其不要造成逆緣。不論恩或怨，仇或愛，都是三世相連，相互報應，不能等閒視之，尤其別以為人死會一了百了，殊不知業力會隨著人死的神識，影響到果報。人與禽獸相碰，依照輪迴說，也是前世的因緣而來，絕不可能無緣無故，故要以憐憫心相待。

想真正了解事情的真相，實非輕而易舉。親眼目睹女人突如其來地掌摑男人臉頰的場面，不知目擊者會做何感想。

有人會以為是夫妻口角爭執；有人以為是女人遭到色狼襲擊的反擊。但事實上，該場面是想打殺佇足在男人臉上的蚊子的行為。

有夫妻特別跑到愛情旅館談離婚。理由是家裡有婆婆，二人無法專心談判。正如回家有婆婆，使二人無法獨處的情景相同；但是，前往愛情旅館的二人所做所為，不一定人人盡是。

誠如上述，我們日常性的判斷力或理解力，也會錯估真實。何況，正在被憤怒支配的人能看到什麼呢？其所採取的行動，既無節制亦無冷靜思索後才採取的行動。憤怒會使人發狂，使人發生錯誤。因此，自我啟發切勿僅僅以獲得新知識為目的，尚須朝向控制感情的起伏為要。

# 56. 生活在「五倫五常」中

勿與壞友交往，勿與卑者為侶。與心清者為友，與優秀者為侶。——《法句經》七八

現在，不論是以五常來說，還是以五倫來說，彼此有關係的人，已經不太多了。但是五倫五常的想法，在相當長的歷史中帶給人們很大的影響。

五倫的倫，指的便是人際關係。舉些例子來看，首先便是「君臣之義」，在君和臣之間是非存有忠義不可的。

其次便是長幼秩序。我想大多數人的都聽過長幼有序，可是這裡指的不光是年齡問題，也有長輩與下輩之分。或者也有雙親與子女的意思！而凡是居下位都必須絕對服從。

最典型的情形便是戰爭中的軍隊，長幼有序在軍隊裡便形成了「對長官的命令非絕對服從不可」的惡形。

為什麼？被稱為下輩的人非得聽從上輩的話？原因在於，正因為上輩平日無微不至的照顧下輩，所以一旦情況發生，下位者即使捨命也得聽從上位者的話。總而

言之，亦即「施與受」的想法。

但是，平日並不如何照顧下位者，光因為我是上司、我是前輩，就非得在下位者服從自己不可，這種惡形惡勢，在現今的社會並非沒有。如果想要下位者聽從自己的話，其必要的先決條件便是，平日得充分地悉心照顧下位的人。

例如，像東方這般相當重視兄弟姊妹排行順序者的情形，在歐美國家中可以說沒有。為什麼哥哥比弟弟神氣？為什麼弟弟就得服從哥哥呢？

在平常，討厭的事情自己來做，好吃的東西自己不吃而讓給弟弟吃，所以一旦要弟弟服從自己時，弟弟一定會照辦。可是，如果平日好吃的自己享受，麻煩事就推給弟弟，要想叫弟弟服從自己的話，可沒那麼簡單了。

同樣的道理也適用於上司和部下之間。亦即，如果麻煩都強迫在下位者去做，那麼，就算只要別人聽自己的話，誰又肯聽呢？不管你做得再糟，之後我都會再照顧一下，所以放手去做吧！如果是這樣的情形，那麼不管上位者的要求是什麼，下位者都願意服從吧！

如果長者能體諒幼者，幼者能服從長者，現在仍遵守長幼秩序不也很好嗎？

# 57. 布施的價值

不論付出有形的東西，或無形的方法都是布施。——《靜思小語》

現在的社會簡直一片混沌黑暗，看電視新聞報導，往往令人深感驚懼，然而只在一旁感歎社會黑暗，並不會使這個社會變得更好。雖然個人的力量有限，但若肯下定決心，小小的力量也必能照徹周圍的黑暗，如同蠟燭的光一般雖然微小，卻能使世界明亮。

貪，便是「對於合乎自己期望的事物過於執著的心理作用」。具體地說，將別人的物品佔為己有，而我的物品還是我的——這種想要獨佔一切自己喜歡物品的佔有，便是貪婪。

另外，貪婪為了向別人炫耀，通常都有很深的虛榮感。他們不僅將自己所有的東西顯示出來而已，也極力展現自己本身。所謂「自我顯示」，即是現時餓鬼的樣相。

貪婪的救贖是「知足」，使只有人才擁有的睿智成為一種實感。醒覺於積極施予別人的喜悅。佛教提倡的「我們的發願」中，其中有一條「成為高興地施予人的人」，便是以「知足」為目的。

所謂知足，是看清人的慾望的界限，審視慾望的智慧。能懷著喜悅之情施予的人，便擁有超越此極限的慈悲心。

將貪婪這項人類的弱點，轉換為美好的價值，便是「布施」。布施並不是富者施予貧者，而是對於很容易不小心就流於貪婪的自己，遇到能施予人的機會，不必犯過錯。對這種行為的感謝便是布施。布施不是自己本身施惠於人，是依照佛的教示，為了累積功德而做。

我們凡人極容易陷入貪慾的網裡，利用「施捨」恢復本來面貌的人，便可使自己及周圍的人心情明朗起來，使每個人都很快樂。

然而，人很容易屈服於自己的慾望，所以，還是應藉著唸佛的力量，使深深埋藏於自己內心裡的智慧及慈悲醒覺。

大文豪屠格涅夫，心地善良，某天早上在散步時，看見路上有一人在乞食。可是只為散步才出門的屠格涅夫，身上沒有帶錢。他十分愧疚的握緊那個人的雙手，以懇切的口氣說：

「我身上未帶任何錢物，可是我必須告訴你，人在一生之中，有幸運也有不幸，你千萬要珍重自己，不要失志。」

那人流著眼淚說：「你能和我握手已經是無價的禮物，真的十分謝謝你。」

這便是「無財施」的功德。只需一個握手的動作，或是一句話，便能使黑暗的世界頓時光明。我們需充實自己的心靈，同時也希望他人可以充實心靈。

最高貴和最有功德的供養心是不求回報，一片誠意而已。雖然，有條件或有需求的供養比較遜色，不及無相供養，但也是善舉一樁，值得肯定與仿傚。而今國內各地都有人發心供養佛、法、僧三寶，讓佛法得到空前發展，也照樣有善果，有福德。

慾望多而不知節制，肯定會自食苦果，這是違反「知足常樂」的人間共識，學佛的人要牢記這句世間法。

學佛不只到寺廟禮拜佛菩薩、讚嘆他們的殊勝功德，還要竭力供養和護持，讓佛法永遠傳承、利益更多眾生，才是三寶弟子的職責。

# 58. 忍其不可忍的真諦

忍其可忍誰都會，忍其不可忍才是真忍。
——諺語

「忍」，一般解釋為「忍耐、忍住」。當然這不是錯誤的，根據佛教思想，以「確認」為原則。將「認」的言字旁去掉，將「忍」視為「認」的簡稱，就是確認之意。

一切事情並非偶然而起，必會找到其原因。由於有原因，才會產生結果。確認原因與結果的關係，假定對結果不滿，才會忍耐而培養出智慧。

每一個人內心，都有自己一套不通情理的理論。

「忍其可忍誰都會，忍其不可忍才是真忍。」這世界中令人生氣的事情非常多。在日常生活中，在家庭中，在社會中，或是在公司中，以及其它各式各樣的場合，對人們來說，令人生氣的事非常多。可是仔細再想想看，真的有充分的理由去生氣嗎？

為什麼在那個時候會生氣，為什麼要說出那些糟糕的話呢？等等事後反悔的情形不也很多嗎？

例如，在家中如果父母親打破了茶碗，頂多說聲：「啊，打破了。」便了事，可是一旦小孩子打破了茶碗或什麼的，往往被斥責：「怎麼！打破了茶碗！很貴的。」如果自己打破了碗，只說：「打破了。」便沒事的話，即使是小孩打破了，也應該就此罷休。

事實上，我們只會因為對方做了某事而生氣，而一旦自己做了同樣的事，多數的情形是敷衍過去。

在這裏我想提供一個方法，如果在某些時候生氣時，不妨從一數到十。當然，打架的時候如果在對方面前數「一、二、三……」，反而更激怒了對方。如果不是打架，而是因為對方在你面前破口大罵而生氣時，便默數「一、二、三」，等到數到十仍然還想生氣，便表示真的有值得生氣的理由，這時候就發洩一下吧！

相反地，在多數的場台中，只要數到十，憤怒便會平靜下來。這不正意謂著，絕大多數的場合，我們只是為些無意義的事情而生氣嗎？

亦即，夫妻吵架也是一樣，這一邊叭、叭、叭的罵著，那一邊便叭、叭、叭的頂嘴反罵回去。只有這樣，吵架才能成立。

如果當其中一方哇哇怒罵時，另一方能「一、二、三……」的默數到十，然後回答：「你現在說些什麼呀！」對方一定會覺得洩了氣，「你是怎麼了？好奇怪呀！」如此一來，大約也就吵不起架了。

社會上的諸多問題也常是同樣的情形。我們一生氣，的確會有滿足感，但事實上生氣最傷身體，首先便會吃不下飯。生氣對自己有害無益，對對方也沒有好處，在所有的意義上來說，生氣的結果都是負面的。

從此點來看，我們未必一生氣就要馬上動怒，首先先退一步，想想自己是否充分具備生氣的理由，而不妨先心中默數下「一、二、三……」。如果默數之後仍想生氣，便表示的確有充分的理由生氣，這時候乾脆（？）就生氣吧！雖是很奇怪的說法，可是若能做如是想時，這世界中無意義的生氣不就會大大地減少了嗎？

沒有了無謂的生氣，便不會有無端的衝突傾軋。而沒有了無端的衝突傾軋，人際關係便會大為改善，之後，生氣的情形也會再次減少。從此點來看，古人所留下的諺語「忍其可忍誰都會，忍其不可忍才是真忍」，便有重新玩味的必要。

# 59. 施予廣大的同情心

曹源一滴，七十餘年，受用不盡，蓋地蓋天。——《滴水禪師》

「施予」的行為，難道非金錢或物質不可嗎？

事實上，所謂「多有錢就多吝嗇」，那些擁有財產的人，似乎最不易於施予。當然，或許是如果將所擁有的財產毫無可惜之心地施予，就永遠不可能變成有錢人了。

但是，即使真是毫無可供施予的物質或金錢，也可以做到施予，在日常生活中，像這樣的施予行為往往相當的重要。

例如，台灣人在日常生活中，常會使用各種問候與感謝的字眼，這些話有時甚至比金錢或物質來說，是更大的施予行為。

一早起床時，如果碰到有人精神飽滿地對自己說：「早安！」那麼或許這便足以保證今天是快樂的一整天。

而當被人問候：「辛苦您啦！」或「真是辛苦的工作」時，對被慰問的人來說，這是比什麼都要有力的鼓勵。

再者「親切的眼神」與「同情的面龐」比任何安慰的話更具有意義，當自己痛苦、悲哀時，如果對方默默地握住我的手，或者陪著我一起哭泣，我不知道這是多大的施予啊！

就像這樣，雖不是什麼具體的金錢或物質，可是就施予的行為來說，卻具有相當大的價值，有時候反而比金錢和物質更具意義。

對於因家人去世而跌入痛苦深淵的人來說，金錢、供品、供花等等具體而實質的東西雖也算是一種施予，可是不要忘了，溫柔的安慰，和與其同悲，才是更充實而重大的施予行為。

但是，在對方痛苦時，自己也與其同悲，在對方快樂時，自己也同享快樂，這些事情在嘴巴上說說的確容易，可是真要去實行，卻極端的困難。

反而是在對方遭受不幸時，雖在口中說著安慰的話，然而心裡正為對方的不幸覺得有趣。同樣的，當對方正處於幸福之頂時也是相同的情形。

「與對方同悲，與對方共喜」這種精神是布施的真意，一旦能夠這麼做時，

「分擔的痛苦會減半，分享的快樂會加倍」。

現代這個時代，毫無疑問的，物質方面相當富裕，科學文明的急速進步，醫療技術的發展等，人人都能享受到長壽的樂趣。

另一方面來說，人類相互之間卻欠缺同情心，因此，雖不至於到「鄰居？是指做什麼事的人啊？」的地步，但是，雖然同居住於一個社會中，我們對他人的關心往往徒具形式。

事實上，在精神方面什麼也沒有，不是嗎？

仔細想想，在一天之中，可曾盡力對誰說過親切的問候、以溫柔的眼神和面孔去接待多數的人、並站在對方的立場去感同身受，這種種布施行為都做到了嗎？

想要使冷如冰霜般的現代社會，再一次恢復到曾經有過的熱血相通的溫暖社會，如上所述的施予行為該是最必要的。

法國作家傑特說：「心靈這種東西，你一旦不去用它，它就會枯萎。」

一個人的心靈一旦枯萎，這個人的意慾和希望也就會跟著消失。因此，努力使心靈活性化起來，經常用一顆活潑的心來面對周遭的事情。

# 60. 人立而己立

己所不欲，勿施於人。
——《論語》

人類犧牲的價值，有比生命還重要的，就是真理和名譽。

我們在無意中常會將討厭的事情推給他人，而將好事留給自己去做。這麼一來，社會便不能和諧的運轉。亦即，自己不願做的事，沒有道理推給別人去做。再從此意義上衍生來說，對方所不願的事，相反的自己要去做；而自己想做的事則要讓給對方去做，這是真正的慈悲本意。

所謂慈悲，便是帶給對方喜悅，而取走對方的痛苦。然而要拿開對方的痛苦，給予對方喜悅，在利己主義的世界中，很難去達成。但是，我們平凡的人類，卻也能為對方做相當多的事。

例如，幾乎是每天都會到我們家來的人相當的多。或許有人會說，那樣的人並不多嘛！可是像郵差、送鮮奶的、送報紙的人則每天一定會來。對這些人說聲：「辛苦您了！」「啊！謝謝！」相信是每個人都可以做到的。

但是，並非因為你跟他道謝，他便會說：「啊，這家人每天都會跟我說『謝謝！辛苦了！』而把許多的東西帶來給你。更何況，假如郵差說：『那真是親切的人家，每次都親切地問候我，這麼著，我就把送到隔壁的現金匯票放在那一家好了。』」

這麼一來可能就犯法了，所以是不可能的。

但是，對方接受了簡單的一句「辛苦了」「謝謝」，卻是多麼高興啊！只要你親身去體會看看，便能明白這種感受。總之，自己想做的事將它讓給對方，是一件相當重要的事，不是嗎？

舉這個例子不知道是否妥當，但是近來人們常要抱怨，一坐上計程車，許多的司機一句話也不回答。

得不到回答，站在乘客的立場來說，是多麼無趣啊！至少也要回答個：「是，我知道了！」才是嘛。

但是，自己對別人的問話，難道真能好好地回答，使對方精神上感到愉快嗎？批評對方，每個人都會做。但是自己希望對方能為我們做的事，我們是否也同樣地去為對方做呢？這麼一想的時候，我們是不是得先檢討自己為別人做了些什麼呢？

當你想說：「那個傢伙、這個傢伙，那也不做，這也不做，只會把事情推諉給別人。」的時候，如果能首先反省是否也做了對方想要的事時，這個社會便能圓滑地、和暢地運轉。

不是只期待對方為自己做什麼事，而是必須從自己本身做起。從一人到二人，從二人到四人，漸漸地更多人能覺悟到此點時，我們人類的社會，不就會是一個很美好的社會了嗎？

人與人彼此相處日久，偶爾起誤會或摩擦，要有寬忍心與包容心，不能憤恨嫉妒，設法報復對方，或刻意藉某種狀況發洩，妨害到別人，這表示修行工夫不夠，自己還要精進，做到以平常心面對狀況，才是菩薩精神，即「上求菩提，下化眾生」的善巧方法。

佛教思想認為「健全的精神，能創造健全的身體」。此所說的健全身體，並不意味無病、健康又結實的肉體。即使身體有病，在病時不抱怨、愚痴，不以病痛為苦，超越痛苦生存下去，這樣健全的精神才能創造健全的身體。

# 61. 讚美遊戲

明知對方撒謊，還是喜歡被讚美。——蕭艾文《紐約戀情》

美國思想家愛默生說：「要獲得良友的唯一方法，首先要使自己成為別人的良友。」

任何人受到讚美時，當然會心情愉悅，內心雀喜不已。既然如此，我們應該付諸實行。例如「你的新眼鏡真適合你」、「你的服飾審美觀極佳」、「和你共處，讓我感覺很踏實」、「你我的年齡相差無幾，可是你的作為足以作為我的風範」。

總而言之，想成就良好的人際關係，首要之處在於發現，讚美對方的優點，人一旦受到讚美，心情自然愉悅，又有自信。結果可以發揮潛力，進而影響周圍。因此，讚美對方，結果自己的心情也受到波及，隨之歡樂。

有人心情不暢快時，會找一些朋友來玩「讚美遊戲」。雖然只是遊戲，但是在彼此褒揚讚美之中，心情就會逐漸開朗。

# 第四章　慈悲為懷

# 62. 不殺生戒

缺乏智慧之愚者，沈溺於官能之滿足，但有心之人，如無上財寶，遵守精進。——《法句經》二六

最近常聽人說「回到人的原點」這句話，所謂「回到原點」，指的就是「過著人本來應有的面貌真正像人的生活方式」的意思。在佛教中，人的原點是佛心（佛性、佛陀的生命），因此，回到原點即是依照佛的願望生活。佛陀的願望是希望眾人都能幸福，活得清心自在。

這個願望，也成為佛陀的教示，而其中之一便是「不殺生戒」，由此展開五戒、十善戒等。戒律是成為佛陀的願望的開端，也是佛陀智慧及慈悲的呈現。戒有告誡的意味。

發願成為佛陀，將此願望貫注到生命的便產生「不殺生戒」。第一是「不要殺生」的告誡，雖時時刻刻警惕自己行事應慎重。不要破壞戒律，然而，無論任何生命，如果不犧牲其他生命來成全自身，便無法生存下去，這便是人的業苦。那麼，我們究竟應該如何對待生命呢？聆聽佛理的教示便是殺生戒所具有的第二個意義。

以上可說是一種為了所有人類和平共處的倫理，以現代的話來說，便是所謂的「群己倫理」。現代人常被視為某種動物，我們必須捨棄動物的行為，回歸到人類的面貌。至少，實行倫理上的「不殺生戒」，是作為人很重要的一點。

要讓倫理性的實踐成為可能，最重要的是以「宗教心」為基礎，這是毋庸置疑的。不殺生，便是一種大大醒覺於不得殺、不能殺的智慧及慈悲心。沒有佛心的醒覺，便無法成為佛陀。而且，佛心是人與生俱來便存在於自身中的，也就是原本早就具備著。佛心被潛藏在自身內裡實實在在存在，因此才說「人原本都可得救」和「芸芸眾生便是佛」是同義語。

未發現自身所具備的佛心，是因為否定佛的生命，犯了殺生之過，而發現這種罪過，便是「不殺生戒」。為何佛的生命不能殺害，因為佛的生命是不生不滅的，醒覺於這項道理便是「不殺生戒」的第三個意義。

像現代經濟生活如此高度化，人們於是有了消耗品過多的煩惱，這正是現代人所必須背負的宿業，但另一方面，人們也必須謹記「尚能使用的物品，任意丟棄也是一種虐殺行為」的告誡。

# 63. 不偷盜戒

有田憂田，有宅憂宅。……無田又擔憂著想有田，無宅也憂愁著想要有自己的房子。
——《大無量壽經》

人在其本性中，是不是也流著一種對偷竊別人東西毫不在乎的血液？仔細一想，如果沒有別人看見，你確實萌生過據為己有的念頭，不是嗎？但是，我們的心中存在著「另一個自己」，時時發出聲音告誡自己：「不可以不告訴別人就拿走東西？」因此，絕大多數的想歸想，最後仍不會採取行動。

若是這「另一個自己」的力量太薄弱了，就會失去自制力做出遺憾的事，在社會上被認為是竊賊的人，大概便是這樣類型的人居多。

俗語說「寡廉鮮恥」、「恬不知恥」，都是形容一個人不將恥辱視為恥辱。一個人說卑劣的話，偷別人的東西，欺騙、侵犯……，做這些事其罪過稱為「寡廉鮮恥罪」，不正的行為對人來說是最可恥的事，這是一般人共同的想法。

至於，一件同樣的罪過，做起來偷偷摸摸、恐恐慌慌的人，應是天良未完全泯滅，尚不至於罪無可逭。但那些白天堂堂皇皇編造歪理，以武力盜取別人財物的人，現在仍未見減少。綜觀整個世界，戰爭便是具有這種性質的行為。假稱為了正義而發動戰爭，其實和任意找一個小小藉口，以手腕搶奪別人的東西沒什麼兩樣。況且，和戰爭並無直接關係的人的生命，卻要無辜犧牲，真是天理所不容。

每個人都應在心中培養「另一個自己」，當一有不正當的念頭時，適時告誡你：「不，絕不能如此做！」這才是讓自己更能成長的方法，佛教中也常教示這點，你覺得如何？

不可偷竊，這條基本性的戒律的必要性即在此。但有時是在無意識中犯了過錯，為了生存不得不犯偷竊罪的人，這便是作為一個人悲哀之處。

再看，不偷盜戒是超越倫理性的教訓，當失去「這世界上屬於自己的東西一樣也沒有（這稱為不可得之見）」的觀念，認為「所有的東西都是自己的（可得之見）」在這念頭萌生的瞬間，表示已經是偷竊行為了。

我的身、我的心，甚至我的財產，我的東西一樣都不屬於自己，一切都是佛所託付給自己保管的。既然神託付給我們，就不能隨隨便便使用，無論如何應慎重處理，且有必須交還神的心理準備。

# 64. 不妄語戒

君子而詐善，無異小人之肆惡；
君子而改節，不及小人之自新。
——《菜根譚》

人是感情的動物，人也是會辯解的動物。

這不是突然捶你一胸般的一句話嗎？能自由操縱語言的人，是造物者賦予人的智慧之一，卻有人因為說了謊而辯解。不會使用語言的貓或狗，難道懂得撒謊、辯解嗎？

當然，童話的世界中，可能兔子欺騙了鱷魚，狼撒謊等待羊出現，但那不過是將人的撒謊、欺騙，借用動物來表現罷了。

在許多的動物中，如果認真加以考慮，只有人是會撒謊的動物。所謂「禍從口出」，從古自今，因失言而招禍的例子層出不窮。一旦從嘴巴說出去的話，即使認為不妙，也無法挽回了。

語言這東西因為組合的人而能成為美麗的詩句、優美的文章，另一方面，它也能成為可怕的詛咒，傷害了別人的心。語言的功能是多變的，端看個人如何使用，重要的是，會形成怎樣的效果，全由使用者的心所決定。自己現在想說的話會給予對方怎樣的影響，如果我們在說話之前稍加考慮，就不會發生失言的情形了。

從動物進化到人類，祈求人類復興的願望，必須先將語言糾正。「不妄語戒」正是現代人應特別學習的戒律。

不妄語戒在理論上是「不可以撒謊說騙人的話」，「妄語」含有「說不必要的話」的意味，也就是古代人所說的「一句多」，這句話正揭穿了現代人的病源。

道元禪師曾說：「愛語是由愛心產生，愛心是以慈心為種子。愛語具有回天之力。」一真是最精闢的見解。

「愛語」只有充滿愛心的話語是不夠的，必須滲透到對方的心底，喚起沈寂的純粹人性。從這意義來說，吐實有時也是一種廣義的「愛語」。

純粹的人性，便是佛的心、佛的生命，便是佛的心念，因此，不妄語戒可說是戒律超越了倫理。

「唯有唸佛才是誠實」這句話和《般若心經》中的「真實不虛」頗有相通之處，都是「世間虛反，唯佛是真」的意思，這也是不妄語戒。

# 65. 不邪淫戒㈠

心境美，看什麼都美。
——《靜思小語》

法句經中說：「人的出生並不容易，且不久就必須面臨死亡，現在的生命是難能可貴的。」無論你或是我，在這世界成為人實在是不可思議的事。以父母「愛的結晶」身份出生於這世界的你，和父親、母親有著某種相似之處，讓人一眼便知道是父母的孩子，這不是很不可思議嗎？

所有的生物，包括人類在內，都有延續種族的後世。魚生卵，便是以母體的死亡，使子孫繼續生存下去。鳥和野獸雖有卵生、胎生之別，但傳宗接代的功能不變。樹木及花草也具有同樣的功能。

性慾是延續種族的本能，但它必須經過結婚的儀式，建立在男性和女性彼此相愛的基礎上，才具有真正的意義，沒有正式結婚的男女所出生的私生子女，被稱為「非婚生子女」，可能一生都過著不幸的日子，但對這些私生子女來說，本身並未犯任何過錯，只因為他們的父母違反了性的規範，便報應在他們的身上，由子女來承受悲慘的後果，這不是很不公平嗎？

佛教對於男女的交合，經常以「應非常潔淨，不能過份縱慾」來告誡。放縱是指隨隨便便將搭在弓上的箭向四面八方射出而言，我們人失去了理性，依照本能而行動便是縱慾。我們如果依照自己的本能而行動會有怎樣的結果？無疑地我們的生活會變得漫無秩序。

男女的交合亦復如此，若依照自己的本能行動，顯然比動物（廣泛的意義下，人也是動物的一種，在此指人以外的動物）更不如，這是最終也是唯一的結果。

慾望不能完全顯露出來，人如果沒有控制慾的能力，便成為全然的貪婪，性慾若不節制，也容易流於縱慾，有了控制慾望的心理功能，才能顯現出人的價值與尊貴。就像剎車不靈的車子會引導人走向毀滅一樣，我們的心需有一個「剎車」，時時在重要關頭「懸崖勒馬」，以防造成危險。

犯了有性道德罪惡的人，一定有雙方都非常痛苦的結局。上了甜蜜誘惑的當，作下悲傷的選擇，都只是為了一剎那的快樂，破壞了作為人的更高希望及目標，真是再愚蠢不過了。

# 66. 不邪淫戒(二)

在世界之中，很容易依據結果，決定行為的重大性。
——莫泊桑《裘爾叔父》

「現代男女對於自己交際及交往產生了新的態度及做法，這提供了年輕人一個痛切的問題……，在面臨解決痛苦的問題及事件的年輕人面前，前輩們對於未知結果提供自己的經驗及建議，絲毫都不辯解及躊躇，赤裸裸地表白。我們的孩子需要我們成熟的智慧，這已經不是個害怕談論性教育的時代。」

修爾索先生直截了當地點出父母師長在性教育中所扮演的重要角色。對他這番話，大概沒有人會有反對的意見，但實際上應如何給予下一代性教育，目前仍停留在嘗試提案的程度而已。

「性」無論如何必須保密，保有其隱秘性。保密是因為如此才具有人生的真實，並非一味地保密。首先，闡明必須保密的理由，這個理由如果勝過性的誘惑，才有人生的幸福可言。信用、榮譽都是因為戰勝了性的誘惑而獲得的，我們無論如何必須克服一切誘惑的陷阱。

主張性開放的人，只不過是性誘惑的戰敗者為自己所作的一種辯護罷了。人必須學會忍耐，面對誘惑能克制自己不受動搖。忍受性的衝擊，需在愛自己和愛異性都有極高的熱情之下，才有可能發揮力量。

在人的慾望中，最強烈的便是性的感情，但性絕不是玩弄異性，且是尊重、深愛異性的條件之下，才可能產生。性慾既非美事也非醜事，同時它也可能兩者兼有。意思就是說，隨著當事人的心態不一，性慾可能變成美事也可能變成醜事，端看個人如何去處理、看待而定。

現在是個被迫沈溺於性慾的時代，和食物一樣「吃得過多」，使人忘卻人生其他重要的事情。認為有愛就可以和某人廝守在一起，而不顧自己的事業、家庭、婚姻，這種觀念便是婚外情日益增多的原因。所以，我們必須培養戰勝自己、控制自己的純真及勇氣，求諸於佛心的萌芽。

性慾對人來說能成為毒，也能成為藥，其決定便在於人的良知。

釋尊制定淫戒，使修行人調馭淫慾，得到定力，證得佛果。這就是學佛重視持戒、得定和智慧的原因，千萬不可輕忽，需要用最大的努力去調伏和駕馭。

# 67. 互助合作的精神

要求他人保守秘密，必須先要求自己保密。
——塞涅卡《荷波利朵斯》

佛的教示，告訴我們必須經常為別人著想，考慮別人的立場及想法，這是非常受到重視的一項個人修養。

現在自己所做的事對別人會有什麼影響，應先考慮清楚。將自己和別人視為一體，希望兩者都一樣美好，以此原則而行動，才是作為一個人真正該有的面貌，才是彼此互助合作的精神所在。

文化這東西，會使人的生活向上提升，人們也認為它是使人快樂的東西，但從反面來看，它也會威脅人的生活。

究竟是什麼原因所致呢？人不管別人如何，只要賺錢就好，這種心情，只要自己過得好，別人便無所謂。於是唯利是圖的亡命之徒日益增多，形成物質文明的弊害。

對於我們所生存的社會，以及和人類的真正面貌，以自己純淨的眼光仔細地審視，希望你能大大鼓起興趣，好好感受一番。正當的事就是正當的事，錯誤的事就是錯誤的事，應能清楚地分辨出來。如果每個人都朝此目標努力，便大可不必賣弄小聰明模仿別人，每個人都在重要的人生中生存，追求成功。

一般而言，被交代「這是秘密」，絕對不可傳開；可是秘密往往不脛而走，反而傳得特別快。所以，凡是內幕消息上都會附帶「這是內幕消息」的但書，但後來，總是人盡皆知。

地區社會如此，職場上也是相同。因此，不讓他人知道之事，必須絕口不說。儘管如此，但喜歡在人後咬耳根、口風不緊愛說話為人之常情。由於如此，故意放出假的秘密信息，而研究該信息是以什麼途徑傳播擴大，也是十分有趣。其間，可發現無法從表面看到的人脈實態。

利用該方式確認消息走漏的路徑，然後運用該路線傳播自己真正想放出的信息。只是交代對方「這是秘密」，自然會展開為自己所企圖的狀況。

但相反的，想獲得信賴而受他人委託處理重要事物時，口風緊密即為必要條件。無論多麼重要的企畫小組，倘若彼此放棄「共謀者」的意識，則事必難成。

# 68. 佛的眼光

不知問人是一時之恥，不問是一生之恥。
——諺語

對同一件事物都只用眼睛看的人，有時也可能發現正好完全相反的情況，因而改變了想法。舉例來說，喉嚨感到非常乾渴時，從外面回來，大聲嚷著：

「有沒有好喝的飲料？」

仔細一看，瓶裡的果汁剩下一半。於是心中大喜：

「啊！有，有，沒有比這更好喝的。」

相反地，此時你的反應可能是帶著不屑及惱怒：

「哼！誰喝了一半，真差勁，連碰都不想碰！」

這兩種反應究竟那一種是比較樂觀的看法呢？各位不妨再思考一下另一個假設狀況。

在體育課的時候，所有同學一起跑步，其中一定有人充滿不滿的情緒，不願意跑完。

「真討厭，無論如何努力也無法拿第一，這樣的事最沒意思了。」

相反地，有人則抱著相反的想法：

「雖然辛苦，但認真跑完，腳力一定會增加不少，身體也會強壯起來，容易有飢餓感，飯吃起來也更香了。加油！」

一個是勉為其難，一個是精神抖擻，何者才是正確的接受方法呢？誰才是正確的想法呢？

因為對事物的看法、想法，我們的生活大不相同。任性、膚淺的看法及錯誤的想法，只會產生負面影響，絕不會有正面意義。

照鏡子便如內省自己一般了。身體可由鏡子映照出來，但心卻不能。可是我們可藉由看佛像或佛圖看到自己的心。

《觀無量壽經》有言：「見佛身者，見佛心。」誠心參拜佛像或佛圖者，能見己心。人皆有佛性（成佛之可能性）深埋在心的深處，但人常忘卻此一事實。因此佛像或佛圖便如心鏡一樣，隨時照見出心的佛性來，以提醒善忘的眾生，促使他們努力自覺自己的佛性。所以說：「見佛身者，見佛心。」

# 69. 真正地看事物

要獲得知識的第一步，須先以無知自居。
——愛爾馬・霍依拉

詹姆斯・沙巴的童話《Many Moon》（許多月亮），是一篇非常有趣的故事。

妮娜公主想要將窗外發光的月亮取來作胸針，正在向父王撒嬌。但她的要求使大人們感到十分困惑。小丑邊唱著歌邊將金質的徽章交給她，妮娜公主欣喜不已，但對於月亮在天空發光她覺得不可思議，武官回答公主說月亮只有一個，不可能拿來作胸針——故事的梗概便是如此。

從這個故事裡，可以清楚地看到大人的想法及孩子的想法有何差異了。孩子是善於幻想的，而成人的世界講求的是實際。孩子往往看見大人所看不見的事物。

月亮的確只有一個，月亮本該從遠處去瞭望，但我們經常看見的是裝飾在窗戶玻璃的月亮。突然出現山頂的月亮非常龐大，光芒四射，誰看來都很可愛的月光，想要裝飾在胸前是理所當然的。

猴子從樹上跳下想要撈起映在水中的月光，一伸出手，卻什麼也沒有抓住——

我曾在書中看過這樣的圖片，印象一直非常深刻。即使到現在，仍可看見人們在峽谷的溫泉映著月亮的露天浴場裡，用手將月光撈起來，那是多麼美麗的一幅畫面。

那個時刻，人們將映在水中的月亮當作真正的月亮。孩提時代天真的想法裡，以為那是真正的月亮，對月亮充滿了美好的遐想。直到太空人乘著太空船，將月球上的泥土帶回地球來，雖說如此，我們並不知道泥土是不是月亮本身，是否為月球的一部份，如此掌握月亮的真正面貌並不正確。

因此，我們要正確看清一件事物，並非易事，通常，我們看見的只是事物的一部份而已

妮娜公主胸前所裝飾的金質徽章——說成是月亮的一種，代替月亮，反而更能傳達觀看月亮的人的心情，真實地呈現出感覺。

為了真正看清事物，在所知道的許多事情之間，多作比較分析，思考全體的關係，在這樣的工夫中，也許才能探究出事物的真正面貌。

人活在世間，心不要被外境所轉，應該要使心能轉境，心境保持清淨，精神自然爽快，身體強健，所有邪思邪念都會一掃而光。

# 70. 生命有限

生時是孤獨，亡時也是孤獨。
——《一遍上人語錄》

人的死亡之期，並非依照出生的順序。所以，有時會參加和自己親近卻比自己年輕的親朋的喪葬。如果離別者是自己的親人或珍愛的人，其痛苦是難以言喻的。有時會因絕望，而無法繼續存活。

一個人的死亡，連帶也會改變周圍的人際關係，在個人的力量關係或利害關係恢復平衡狀態之前，可發現人心。其間過程，不一定受人歡迎。

於是人的孤獨感，愈是加深。最後才覺悟到，原來人是一人出生，一人忍耐，一人死亡。縱然如此，還是很難達觀。和戀人或配偶，遲早都要訣別。在二十多歲者的日常生活中，決不會想到這一類問題；不過，死亡不一定只向老年人招手，是不容置喙的事實。

「何時身亡都無所謂」「不怕死」等的說詞，是因為年輕人不曾預感到自己的死亡；不過別忘了，死是人生最大的挫折。

有篇文章寫道：「活人無法體驗『死』，因此沒有為之煩惱的權利，人活著便是要努力活著，別無其他的目的。」作者是誰已不記得，只記得這位作者患有不治之症躺在病床上。他的話令人終生難忘。

「由墳墓要再往何處去？」這個問題，其實任何人都沒有發問的資格和權利。我們的生命都有燃盡的一天。

一位異教徒曾問釋尊說：「人死之後如何？」通常對於此類問題釋尊是一概不回答的，此次也沒有例外。可是對方卻譏笑釋尊「你答不出吧？」

釋尊這才開口說：「死後的世界無人經驗過。一旦斷言死後的世界即入迷妄，你還是問問重要的問題吧！」

就在你討論死後有無其他世界存在的當時，你在世上的時間已經縮短。釋尊為強調人應把握現在的時間做有意義的事，故不希望世人花時間討論死後往何處去的問題。而「死的彼方」的主旨非在於討論死後的世界，而是強調應以宗教的生死觀念積極充實生命。宗教的生死觀念是絕對積極的，而非認為花開必花落，有生必有死的虛無態度或超然態度。

# 71. 心境開明

心暗，則所遇盡是禍。眼明，則途中所遇皆是寶。
——弘法大師《性靈集》

這句話是意味「心暗，則眼見、耳聞盡是負面。但心境開明，則路端所見皆是寶物」。

人在同一對象之前，對其感受不一定相同。眺望同樣的景緻，有人會說群鳥飛翔而過，有人則說不見鳥兒飛過。車禍目擊者的證言，也是因人而異。有人會覺得連綿不斷的梅雨令人鬱悶，但有人卻覺得「如此一來，今夏就不會缺水了」。

換言之，個人對事物的所見、所聞，會因了解其人過去所背負的，或者其人的心態而異。由此可知，存在著和自己立場不同的人們。能否了解這一番道理，關懷他人之心就會產生很大差異。

具備站在別人的立場，來觀察事物的能力，有兩種意義。

第一、你可以瞭解別人心裏的想法，做出配合他所需要的事情。例如替顧客的服務，需先瞭解消費者需要什麼樣的商品；以及建立良好的人際關係。

第二、在面對著某種競爭時，可預知對方將採取何種手段，而事先研究出對抗的方法；即所謂的「知己知彼百戰百勝」。

所以，假若能瞭解對方的立場，然後配合自己的立場，作各方面的觀察與比較；那麼就可發揮正反兩方面的能力，而這兩種能力可說是成功不可或缺的條件。

那麼，以別人的立場來觀察事物的能力，又該如何培養呢？

每個人都有以自我為中心的意識，而這種現象也就成為體諒別人的障礙。假若在任何場合中，都只感覺到自己的存在，而常常忽略別人；這種人要求他體諒別人的立場簡直太難了；而他們以自我為中心的傾向很強烈，所以，要改善他們的人際關係，必須先壓抑這種性格。

在日常生活中，應仔細觀察周邊的人，時常在腦海中假設他人的心理與行為；且不管發生任何狀況，都應考慮到別人的感受；雖然這實行起來並不容易，但卻可做為瞭解別人心情的訓練。

此外，腦海中必須常有這種想法：即如果我是他的話，這件事我將如何處理？如此常可意外地體會出解決問題的方法？

# 72. 隨犯隨戒，抑惡修善

欲不可縱，志不可滿。
——《禮記》

聽聽電視上演藝界記者的報導，不禁會讓人感覺「你有那麼偉大嗎？」例如，發現他人秘密約會，或不倫事件被披露等的記者，似乎就會以「我是仗義執言者」的態度質問演藝人士。

任何人都會戀愛。在人的一生中，有時會和二人以上的人感情要好，或許那時對方已經結婚了。可是，對方若公開事實，勢必難以原諒。而記者本身唯有先將自己所談過的各種戀愛或不倫公諸於世，才有資格去質問他人。

耶穌在耶路撒冷東方的橄欖山說教時，有一名女人因為「在姦淫場所賣淫」，而被告發逮獲，捆綁著雙手。「你們之中無罪過者，先用石子投擲這個女人。」是耶穌針對律法學者的質問「摩西命令我們，用石子打殺那個女人」的回答。

人時常會糾彈、批評他人；但事實上，自己也曾有過相同的行為。無論任何的戀愛，只要當事者負責，人人都是自由的。

守戒是各宗教都重視，且嚴格要求的。因為過分任性自由，足以衝垮信仰與信心。

守戒不僅關係到信心的問題。我們和家人以及社會上的其他人共同生活在一起，也應遵守一些必要的規則。這便是戒。

任何人皆應該努力提升自己的層次，不應老需他人告誡或命令。尋求自己的方向積極奮鬥。而學習「戒法」便是幫助我們成長的方式之一。學習釋尊的教示，並實踐之，這種生活態度及實踐的方法，稱為「戒法」。

學習戒法，不僅為要確立一個佛教徒應有的信仰生活，更是要體悟人性的尊嚴，而成為一個真正的人。

佛戒的由來，是在釋尊的弟子逐漸增多時，為方便共同生活、修行的需要，而訂立下來的規則。戒律與法律，地方條例的不同在於法律或條例是為防範犯罪而訂定的，至於戒是為避免二度犯錯才設定的。故戒有「隨犯隨戒」的性質。

戒不僅消極的防止犯罪行為，更積極的勸人行善。即戒有「抑惡修善」的功能價值。戒，並非由上而下傳達下來的命令，而是自己向自立立誓遵守的自律。

# 73. 無財施

誠心供養最殊勝
——《阿闍世王授決經》

熱心教育當然是必要的，但我們應瞭解更深一層的道理。其實，實在不忍點破親子之間遲早訣別的事實。首先是與祖父母訣別，而後是與雙親，雖然是十分悲傷，卻也是避免不了的順序。

雖然父母想與子女常相守，但死別之日總悄然來臨。因此對子女的教養，須以「德性」的培養為優先，不管學歷如何、資財如何，若一個人未具德性，則一切皆無用，財產有用盡的一天，學歷也完全不見任何意義了。

但若能培養子女具備德性，則雖父母辭世，子女也能受他人的幫助與愛戴，這才是真正的遺產。古人十分信服「言教不如身教」的教育原則。因此，唯有在生活態度上確實遵守戒律，才是給子女的好禮物。

各位若有閒暇感歎現代年輕人沒有信仰的誠心，那麼，何不乾脆替年輕人敬拜神佛。如此遲早孩子會模仿而誠心拜佛，雖然他們的模仿行為，不是今天明天便會行動。現在的年輕人的佛緣薄。但他們的佛緣薄，是大人的責任。所以，我們須勤加拜佛，替年輕人盡應行的分。

現在社會講理性，但各位若和孫子到餐館吃飯，絕不會有各付各的情形吧！我們總是幫孫子付帳。若能延續此種疼愛子孫的心情，替佛緣薄、無信仰誠心的年輕人，在佛祖面前勤加修行。若能發此誓心，也都是因能深刻體會「不殺生戒」、「不偷盜戒」的原理。

因為子女是神佛所寄託，終有一天要歸還給神佛。神佛將孩子借給你，身為承受者便應設法報答神佛的恩德。

溫和的言語也是無財施。臥病在床，受人的照顧說「謝謝」。若因病痛無法開口言謝，也可用手勢表示心中的謝意。若連這些都無法做出，也可以在心裡默唸「謝謝」。死後什麼東西也帶不走，但生前所聽聞的這些教示，以及因行「布施」等所累積下的功德與德性，卻是可以帶走的，任誰也拿不走。

這種喜悅與感激，藉著「無財施」便可以輕易的享受到。

行無財施的機會很多，讓自己在日常生活中實踐此一修行。

# 74. 施予真正需要的人

善事急赴，惡事守心
——《法句經》

所謂的「布施」，正如其字面的意思所示，乃是「廣佈施捨」之意，亦即給予困擾或痛苦的人們，某些物質上或精神上的資助。

古代的比立教團以及現在的南方佛教中的出家人，雖說是布施，但因出家人並不擁有可供施捨的財產或物質，所以對一般人而言，只是單純地「施予法教」，亦即所謂的「法施」。

相對地，現在的在家信徒們，為表示自己接受法教的喜悅，常會將自己所有物的一部分施給出家人，不知不覺中就演變成現在所流行的「金錢」上的布施了。

但是，布施的原意，依釋尊的說法應該是「被施之物、被施之人，施者自身，三者都要忘掉」，至少，並非是什麼「施與受」的關係，而是單從「施予」這個行為本身發現喜悅。人類是個慾望很深的動物，不管擁有多少的財產或所有物，要將其中一部分施捨出來，相當痛苦而困難。

因此，像這樣慾望無窮的人類，即使只是一丁點兒，若能將自己的所有物施予給其它更需要的人，這種行為本身即是一項非常重要的佛教實踐。

現在人們所施捨的寺廟往往有一定的對象。可能一開始時，一些信者們因為聽到寺廟中僧侶的傳說法教，而感受到生之喜悅，於是便很樂意地對僧侶或寺廟做些物質上的施予。

漸漸地，寺廟與信者家庭之間的關係形式化了，即使僧侶們並不曾為信者做了某些事，卻仍然非施予不可。漸漸地有了「和尚不勞而獲」的批評。

佛法有「無財施」的教示。無財，即無錢鈔財物，即雖無錢鈔財物亦可做布施的修行。無財施不僅無資財可行，甚至此行為是無法以金錢計算的無量功德。

只要有心，隨時可行無財施。讓坐便是之一。而被讓坐的人，見站著提重物，也可以幫站者拿重物，如此站者高興，自己也很喜悅。

《碧巖錄》說：「南山起雲，北山下雨。」表示必須相互幫助，否則任何事情都無法完成的人際關係，以在南山祈雨，在北山下雨來表示相互衷心接觸，每件事物都是由於心的接觸，所以才會產生，如果其心不相互接觸，事情就不會發生。

# 75. 問心無愧，清淨無過

問心無愧何懼之有
——《摩訶僧祇律》十三

自西洋傳入的風俗之中，有一個就是四月一日愚人節，這一天即便撒再大的謊都無所謂，所以許多人在這一天便會想法子騙騙對方。

如果平常都不說謊，只在四月一日這天撒一次謊，也無關緊要。可是如果是平常便經常撒謊的傢伙，到愚人節的時候，他也說：「啊！今天是愚人節，即使說謊也無所謂。」真是個要不得的誤解。

有句話說「說謊也是權宜之計」，「權宜之計」感覺上好像總用在不好的地方，事實上「權宜之計」有個意思是「為正當目的所採取的手段」。

例如，如果醫生告訴病人「你得了胃癌，只剩三個月好活了」，這麼一來，一百人之中便有一百人，即使是在醫學上來說仍有三個月的壽命，可是只活了二個月、一個禮拜就死了，甚至更早的二、三天就歸西了。

可是，如果相反的，醫生告訴病人是「不要擔心，你不過是輕微的胃潰瘍。」

如此一來，原來只能活三個月的人，說不定便可活六個月，甚至可以延長到五年、十年。

為了想辦法盡量延長對方的性命，諸如此類針對正當目的所說的謊話，便是權宜之計。

例如，叫小孩子「趕快去睡！趕快去睡！」「我可清楚為什麼你們要這麼說，等我們小孩子都睡了，爸爸媽媽就可以吃好東西了！」「別胡說！我們絕對不會吃東西！」可是等到孩子們都睡了，便又「啊！都睡了！現在我們來吃個哈蜜瓜什麼的。」

如果把這情形也稱作「說謊只是權宜之計」，就大錯特錯了。怎麼說這都只是為自己的方便才說謊，絕非什麼「說謊也是權宜之計」。

當然，父母親又有另一種說詞了，「不對不對！事實上是如果半夜給小孩吃東西，肚子會難過，或者會尿床的關係，所以不讓他們吃。」

硬要這麼強詞奪理，姑且就算是「說謊也是權宜之計」的一種狀況吧！

例如，父母們要帶子女去看病時，往往是說「走吧走吧！很不舒服對不對？看了醫生就會退燒哦！打針一點都不痛的。就像是蚊子咬了一下那樣，不會痛的！」即使自己每次打針都痛得哇哇叫，照樣能面不改色地說成只是被蚊子叮了一下。

此時，也可以說是「說謊只為權宜之計」。為什麼呢？因為是想要達到讓孩子退燒，或減輕其病痛之正當目的才說謊。這時便可說是「說謊只為權宜之計」。

可是要是我們每天在日常生活中任意撒謊，就絕對不可稱其為「權宜之計」了。也就是說，所謂「權宜之計」事實上便是一種方法、手段罷了。

有時候是即使有正當目的，也絕不選擇說謊當權宜之計的，而如果我們能夠反省到底說謊真是為對方著想呢？還是只是自己隨便採用的手段呢？那麼，只要有正當目的，則說謊也是無可厚非的。

只要問心無愧，就不怕別人閒話，日久見人心，總有真相大白的機會。例如，遭人誣告或被人閒話，只要堅持立場，貫徹始終，總會撥雲見月，還我清白，而千萬不可看不開、憂悶度日子，這是心被境轉的例子，應該學迦盧這位老修行「清淨無過」的風範，沒有就是沒有，怕什麼呢？

# 76. 不墮入「餓鬼道」的智慧

## 恍然覺悟為俊傑
## ——《大莊嚴論經》第二

「餓鬼」一詞，有許多人拿它來形容自己或別人的小孩。從字面上來看，的確是「飢餓的鬼」的意思，而存在著這些生物的世界便稱為「惡鬼道」。

況且，在那個世界中，吃的和喝的東西都極端地缺乏，在想吃什麼或想喝什麼的時候，那樣東西馬上變成一團火，所以，住在那地方的人（？）便常常處於飢渴的狀態中。

因此，想要設法送些東西給那些生在那個世界的痛苦人們，這種由同情心產生出來的儀式，就稱為「施餓鬼」，正如其字面所示，是「施給餓鬼」的意思。

可是，看看人類的小孩，好像常常是一副餓肚子的樣子，所以不知不覺間便會用上如下的說法「跟餓鬼一樣狼吞虎嚥」，不久便成了「餓鬼」了。

與大人比起來，小孩子的成長比較快，食慾比較強，或許看起來的確像個餓鬼。可是，如果小孩子是「餓鬼」，那麼小孩的父親便成了「餓鬼父」，而小孩的母親就是「餓鬼母」了。這麼一想，至少在稱呼別人或自己的小孩為「餓鬼」的時候，多少有些說不過去。

世人都貪婪身體感官的快樂，殊不知執迷那些，等於喝下毒藥，必須靠佛教的般若智慧才能解救，倘若中毒不深，解救還來得及；如果中毒太深，執迷不悟，又不肯服下解藥，只有死路一條了。放眼今天，擁有解藥的菩薩倒有一些，可惜聽眾不多，實在沒有福報呀！

順便一提的是，盂蘭盆會這個宗教儀式，事實是來自於拯救墮入餓鬼之母親的目連尊者的大布施行。

目連是釋迦的一個弟子，據說神通第一，具有普通人所沒有的超能力。有一天，他忽然想知道母親死後是到了什麼世界，於是便運用超能力在死後的各個世界中眺望著。結果令人吃驚的是，自己所愛的母親竟然墮入餓鬼道中，正在忍受飢渴的煎熬。

於是目連去求救師父釋迦佛，詢間有關救母的方法。釋迦回答他——

「你的母親之所以會墮入餓鬼道，那是因為她在生前從不曾對人布施的原因。

因此，你生為她的兒子，如果能代母布施，你的母親一定會因你的功德而得救。」

因此，他便在雨季終了的七月十五日舉行大布施，母親終於脫離餓鬼道而往生佛國淨土。

因而，現在仍活著的後代子孫們便代替父母親、祖父母等已去世的祖先們行「布施」，據此祈求死者死後的幸福（稱為冥福），而具體地留傳下來的便是盂蘭盆會。

當然，不論具備多大的神通或超能力，人都不可能知道死後的世界，而且到底陽世的行為功德，是否在陰間也具效力，這是誰也不敢保證。可是，不管是誰，都不至於希望與自己的出生有因緣關係的雙親或祖先們在死後的世界中受苦，所以這種供養也算是遺族的一種願望。

「盂蘭盆」這個字是從梵語ullambana音譯而來的，原來的意思是「倒懸」，是佛家弟子救度亡魂的法會。

佛教徒在每年農曆七月十五日（僧自恣日），設齋供養佛、菩薩及眾僧，祈求他們的法力能救度先亡親友倒懸之苦，即餓鬼道中的痛苦。

# 77. 切勿掙扎

一生不生萬法無咎
——《信心銘》

如果沒有發生選擇這件、放棄那件憎、愛等辨別執著的心，那麼，一切的東西即無任何罪，且都是真實的。

被捲入高速公路上的塞車陣裡，即使是諸葛亮也會束手無策。除了陪著車陣慢慢往前移動以外，別無他法了。即使焦慮地猛鳴喇叭也是於事無補，連無聊地彈舌頭、敲打方向盤也毫無作用。

在人生旅途上，偶爾也會發生這種狀況。在擠得水泄不通的上班捷運車內，想端正自己的姿勢，反而會遭到很大的抵抗。還是順其自然地讓身體在壅塞不堪的車內擺動，會比較舒服。如果浸泡在以微溫為特徵的溫泉裡，應該一直泡久一點。如果匆忙浸泡結束，很容易著涼。原因在於持續浸泡中，身體才會逐漸暖和。

對應人生的某一時期，或某一事件，「切勿掙扎」，也是生活智慧之一。其中，你所憎恨的上司會因人事異動而調走。所以必須忍耐、忍耐。

# 第五章　人生的價值

# 78.人生如浮雲

我以為只要有錢，生活的一切必需品必然有求必應。
——保羅高根《諾亞、諾亞》

在於生活自給自足的地方，再多的錢也無用武之地。欲購生活必需品，亦無人販賣。漂流至無人島，想使用錢，也無處可花。

凡是想到發生天變地異或災害，並非擁有錢即可安心。當然，食物或衣服等的物資準備是十分必要的。平常能未雨綢繆者，例如，搭火車發生事故，身陷其中動彈不得時，便想到先買便當。總之，是擁有確保糧食的心態。

如此的行動，是無法滿足自我的範圍，但以此角度來了解拜金主義、金錢萬能主義是多麼無力。亦可獲得極佳的教訓。

般若心經中曾提過「深般若」一詞。與深般若相對的便是「淺般若」。但這並不表示般若（空的智慧）尚有深淺之分。若以為「人生短暫如浮雲」的厭世觀，便是淺般若。

既然生命短暫，更應該反思：「我的生命是不多的，現在還活著是件值得珍惜把握的大事」、「我該如何運用自己寶貴的生命？」如此，才是深懂人生之人。

最近自殺人數增多，而且年齡逐漸下降，令人憂心。不分時代環境，年輕人較容易有自殺的傾向。年輕時，有一、二次想自殺反而是正常的。因為愈想認真的生存，愈有自殺的衝動。

可是一旦為自殺之念誘惑時，終致付諸行動，則為淺般若，人生至此終止，但能跨越了它，才能體會到深般若。

撒姆·約翰生說：「人生短暫，已不容許再浪費時間。」

但可能有人認為，若一天二十四小時都嚴格地約束自己，豈不是太痛苦了？但假如說工作的時間很忙碌，那麼，業餘的時間就更需要有細密的安排了，因為在短暫的人生中，除了工作之外，尚有許多的事情等待著我們去學習；而如此地浪費時間，等於更縮短了人生的歷程。

所以，不僅要有控制工作時間的能力，還要懂得如何安排一生的歲月。時間是個神奇而不可思議的東西，因運用技巧的不同，而可長可短。

能及早領悟這個道理的人，往往成為最後的勝利者。

# 79. 精進的人生

一日從事一件自己最喜歡的事。
——帕特·白爾馬《自己愛自己》

做自己不喜歡的事時，心情會顯得特別沉重。因為不得不做，所以動作會變得很遲鈍。周圍人們看到那種姿態，絕不敢妄想接近你。於是，整體的氣氛便暗淡、沉悶。

可是，採取自己喜好的行動時，快樂、有趣，自然充滿活力。開朗的氣氛，猶如將小石子投入池心產生漣漪般的逐漸擴大，周圍人們也感同身受。

既然如此，就應該做自己喜愛的事。即使為了生活不得不從事不合心意的工作時，也要求自己在一天當中，做一件自己最喜歡的事物。如此一來，就能積極對應人生。

本來，人生一旦掌握良機，就會一反常態，直向好的方向邁進。為了掌握佳機，須善加應用自己喜好之事。如此一來，即可過著日日積極的生活，而且會讓你發現「為何當時自己會那麼愚拙，居然為了芝麻小事而煩惱」？

《法句經》二一說：「精進是不死之道，放逸是死之徑，努力精進者；不死。沈迷於放逸者，雖有生命，和已死相同。」

「精進才使人生有意義」，這是釋尊的人生觀。精明的相反是「放逸」，放逸是意味一般「任性的行為」，佛教用語解釋為「懶惰，不習佛道」。

放逸也具有我們平常使用的「遊手好閒」的意思。釋尊勸戒我們要精進不要放逸，不僅是要我們努力工作，而且要我們充實只有一次的人生機會。須了解「現在」不會再回頭，不論時間多短暫，即使是瞬間，也要努力充實自己，有此誓願，才能有正確的人生態度。

工作不像工作，玩不像玩的狀態，也是一種放逸。如在工作場所中有這樣的人，會影響工作的士氣。在家庭中也一樣會影響家庭的士氣。所以，釋尊最厭惡放逸，嚴格訓戒禁止放逸。

釋尊也告訴我們說「今日事今日畢」，今日應完成之事作完，才可得到有意義的生活。由於今日應作之事沒作，工作會累積下去，更加不可開交。

如果我們回顧已結束的一天，而內心充滿成就感，這就是人生最大的樂趣。

# 80. 自己是什麼

唯獨一人不是人。
——丹尼生《伊諾克．雅汀》

有人向你解說「人字，是一人和一人互相支撐的形態」，而讓你感覺很佩服，頻頻點頭表示「很有道理」。接著又說「人必須互相支援、扶持」，也讓你深深感覺「人生在世，是應該如此」。

但令人困惑的是，凡是有二人以上時，個人的自由就會受到限制。例如，想聆聽音樂的自由，和不想聆聽音樂者的自由，無法同時獲得滿足。希望支配人的企圖心，和不願意被人支配的獨立心，也無法同時獲得滿足。因此，「為人」這句話，是有可疑之處。由於如此，就有人指稱「為人是虛偽的」。

無論如何，我們人在家族和社會之中生活，一味主張個人，必然會引起摩擦、對立或爭執，此可謂個人的存在或自由，和社會具有二律謬論的傾向。在此前提之下，個人應捫心自問「自己是什麼」？

《伊索寓言》裡有一則有關狗的故事。

一隻狗咬著一塊肉片，走在獨木橋上，看見下面的水面映著自己的影子。牠不明究理，只想得到影子裡那隻狗所咬的肉片，於是把原有的食物掉落水裡。古人說：「見有無常水中之月。」便是說明這個道理。

因和緣的交會稱為「和合」，因是直接原因，緣是間接原因。看來彷彿在我們眼睛裡實存著的東西，都不外是和合的現象。和合被認為不僅靠自己的力量而已，還需眾多人的力量，以此解釋因緣，便是佛家的生活智慧。佛的智慧能照出邪見，讓我們有所分辨取捨。

不諳因果之理的人，一切都變得自我中心，以偏見來判斷，形成戴著「自我」這副有色眼鏡的人生觀。科學性的看法固然很重要，但分析也不可輕忽。最重要的是為了瞭解原因及結果而分析，一定得知道綜合各項資料所得到的事實及結論，綜合的事實便是和合了。

正確地看事物，接受它，並思考——這才是深入事物的方法，這種瞭解事物的方法，正是以「佛的眼光」看事物的方法。以單純的看法、想法來瞭解事物是多麼危險的事。

# 81. 立誓積善業

自己的臉孔歪曲，指責鏡子也無用。
——果戈里《檢察官》

對著手拿成績單怒吼「為什麼成績這麼差」的父親，兒子心裡很想反駁「遺傳自父親」。然而卻不敢如此回答的是，兒子尚未清楚認識其事實，或者即使想如此回答，卻畏懼於父親體罰之下而三緘其口。

對著女兒說：「妳應該莊重一點。只要接到男孩子的電話，就急著出門。」的母親，應該回憶自己和女兒同年齡時期的情景。可能會發覺，當然的自己也只對流行和男性有興趣而已。

本來，人類就喜歡把自己擱一邊，而去批判、攻擊他人。「應該比一般人更努力工作」，相信任何公司都有這一類的上司；但是，如此要求員工的上司，有否考慮待遇和關懷比其他公司更好呢？

然而，將一切責任推諉在父親、母親或上司身上的自己，到底了解自己本身多少呢？可曾想過更努力了解自己呢？

我們可以常常聽到如此的批評。

「某某人行事不正，表面做的是一套，但骨子裡想的又是一套。難怪沒有人理睬他，真是自作自受。」或「某人沒有什麼朋友是當然的，看他說話的態度那般惡劣，待人的態度又是那麼薄情，有誰會理他。」等等。

這些批評者，都不會將已經形成的結果歸罪給神，而是歸罪到行為者本身。所有的結果都是行為者所做的「業」造成的。

然而十分可惜的是，我們能清楚的批評他人的業，但反而見不到自己的。大都怨恨批評他人，將所有的責任推卸給別人。我們所懺悔的「從身口意之所生　一切我今皆懺悔」等等過錯，皆是妨害我們自覺本性的惡業。

懺悔非只是消極的為了惡業而懺悔，還應積極的立誓積善業。善業，應在不欲人知的心態下進行，因此禪的修行應秉持「不醒目、不出風頭」的原則進行。善事因是在不欲人知的原則下進行，故稱「積陰德」。被視為禪門的重要修行之一。

堅持自己的信念是可喜的，但因錯誤而適度地修正原則，更是值得喝采的勇氣。本著能屈能伸的個性，使自己更加符合現代社會的要求。

# 82. 鍛鍊筋骨

人只有大大事件，出生、生活、死亡。
——拉．布里約爾《人各式各樣》

在人潮洶湧的上班電車裡，或下班後的酒鋪內，絕不會想到「人生，就是出生、生活、死亡」的問題。在手按文書處理機的按鍵，或計算出差旅費時，也不會意想這一類的問題。

熱烈「生活」時，就無餘裕思考出生、死亡及生活本身。以某個角度來看，該狀態堪稱「幸福」。儘管如此，但是，不思考生或死的人生，誠然非理想的人生，卻又是人生有趣之處，此乃人類思想的矛盾之處。

因此，偶爾前往墓園散步也是很有趣，你覺得如何？不是老人，而是年輕人到墓園拜訪才有意義。

歌德說：「人在世界上，只有一次而已。」

任何人皆須了解此一嚴肅的事實。人皆有失意之時，但失意可助個人成長。反而得意之時，易種下失敗的種子。所以，身處順境之時應具警戒心；遭逢逆境時，心中應感謝上蒼，賜予個人成長的機會。

與晴天相較，故而厭惡雨天的不便；躺在病床上，想像在山上露營的野趣，因此，覺得生病實在是件痛苦事；而身處逆境時，不由自主的與順境相較，遂而萌生想死的念頭。這些情況，好比是另一種形式的鄉愁。極端者會產生波上行走的錯覺，每一個人都應警惕。

在雨天，則欣賞雨景之美，生病時則咀嚼病中的滋味。人生不應只追求安逸的生活。生病時便從病中習得啟示，失敗時，要從中學得智慧。不要讓挫折成了只是懊恨的根源，應從中得到若干啟示。而湧生出更大的前進力量。

失戀也是一樣。失戀有失戀的好處。若悲傷一時無法淡去，那麼想像自己是一隻一往下跳便會受傷的貓，儘情的大哭一場便好了。但若一旦陷入孤獨的自厭自艾，則真如被警笛嚇得癱瘓的狗一般軟弱了。精神上的脊骨應努力去鍛鍊防止退化或軟化，這是別人無論如何都幫不上忙的。

為防背骨的軟化，經常要勉勵自己「莫煩惱」。煩惱徒使自己身心痛苦煩躁而已，毫無其他意義。許多可敬的人說勉勵自己莫煩惱，而堅強的鍛鍊自己的心志。

# 83. 心靈充電

盡信書，不如無書——《孟子》

所謂書，是指《書經》。但是，「如果毫無批判的盡信書經上所記載的一切，則寧可不要那本書。還是不讀為妙」，儒家的孟子如此主張。

在這社會上，也有人奉「某某書上這麼寫著……」「某某老師這樣說……」為金科玉律，而加以炫耀。欠缺自己本身的思考，而一味壓迫他人說：「這是正確的」。這已具有困擾人的傾向。無論繪畫或書籍，根本不知精華所在，而只因有名而讚美「了不起」。

如果一直存在這種態度，即使學習態度多麼奮勉、認真，終究無法豐厚其內涵。存有這種心態的人，是比不上電腦的記憶裝置。

法國的哲學家帕斯卡魯說：「對一事專精，不如對眾事遍熟。知識的多面性最重要。」

身具專業知識固然了得，但是，也應該對專門以外的知識有所了解。

為了更充實自己，必須依靠自己思考。然後，以自己的語言表達自己的思考。只是囫圇吞棗或現蒐現賣，將使自己的學問或興趣，成為他人蔑視的對象而已。

人生的不順利是必然的。「忍辱」與「忍耐」的意思相同。古語說：「便因難以忍耐，故更應忍耐。」可是佛教的思想並不如此消極。佛教的「忍辱」是「以安詳的心情忍耐」。般若經於「忍」字之邊旁又加上「言」字邊，成個「認」字，認字下再接「印」字，即成「認印」一詞。

如有掛號信寄來，郵差先生喊道：「掛號信，請蓋章。」而我們在蓋章之前，必會確認一下是否真是自己的信函。故「忍」字也有認（確認）的含義。

人的苦惱多半起因於「比較」。下雨天，卻想著：「今天若是晴天該有多好。」因此惱恨雨天。前幾天，參加友人的結婚典禮，那天碰上下雨天。賓客在休息室休息時，其中一人說：「真不巧，竟然下雨了。」但有人卻說：「雨天也好，心情反而較能平穩。」都很有道理。因為有比較，所以才產生問題苦惱。

生病時偏要拿健康來相比，故惱恨生病。其實若不生病則無法體會生命的真諦。良寬和尚曾說：「生病就是生病。」這句話真耐人尋味。

# 84. 自己的依靠

愈勤勉的傻瓜，愈困擾人。
——賀斯特．卡雅《人生論》

《法句經》一六〇說：「自己才是自我的依靠，除了自己，有誰可依靠，好好調整自己，才是珍貴難得的依靠。」

看這首法句前半部的人，也許會解釋為「自己才是自己的依靠，如此廣大的世界，除自己外，無人可幫助。親戚與朋友也不可依賴。」

當對方辜負了你對他的信賴，或事業失敗時，我們心中常會喃喃抱怨。像這樣抱怨也會成為重要的機緣，一面說「他人不可靠」，一面發覺過度自信，如此自我之念會開始崩潰，自然想找可靠的依靠。

自我底下所埋沒的另一個自己為自己。自我是意味隨感情而浮動，非不變的、無常的自己。自己是凝視這樣的自我，而不變的自己。不變的自己在佛教用語中稱為「佛心、佛性（佛命）」，我將佛心稱為「純粹的人性」。

自我與自己雖不同，但是無法分離。如紙的表裡一體般，雖然表與裡不同，但其不可分的密切關係稱為「一如」與「不二」。外表看起來如一個，但非一個的微妙關係就叫「一如」和「不二」。

一年三百六十五日，一日一日都是相同。可是，如果能以新鮮心情迎接每一日，則人生會充滿希望，生命也會躍動，充滿活力。

其手段之一，就是自我啟發。但問題是，所努力的事物須應用於實際生活上。收集許多畢業證書或資格證書而四處炫耀，只會遭致他人厭棄而已。

其實，我們不是很擅長於將新知識或智慧應用於實際生活上。因為在嘗試新事物，或從事與眾不同之事時，往往會遭致許多冷眼相待。他人認為，你的特異行事會奪走他們的既得權，或者使他坐立難安等等的周圍危懼感，形成巨大壓力。

如果人是天才型和秀才型的類型，那麼台灣人大多是秀才型。該類型者不喜歡改變人們或社會所建立的結構。他們習慣於依照傳統方法，勤勉地進行規劃好的競爭，終其一生的耗費熱能而已。

英國的作家理查德遜說：「世上沒有不彎曲的道路。」

當情況變壞時，要蓄積自我的實力，以待情況變好時，要急遽地浮上。

# 85. 不要我執太重

任何時代的賢者之夢，皆可喚醒付諸實踐的行動者。
——法朗士《現代史》

有人一提到夢，就有人把它畫成圖。有人把夢畫成圖之後，就有人想製造出它。人類的歷史，就是以這種方式發展而成的。

想像如大鳥在天空翱翔的夢，如魚潛入水裡的嘗試，以及前往宇宙旅行的欲求，無不由此實現。或許未來也能實現長壽不老之夢。

階級差別或性差別，也是因為有人主張「ＮＯ」，社會才會朝撤廢方向進行。產生一種思想之後，依據該思想開始摸索新的世界。

如果否定門閥而推行學問，就會造成學閥，想祛除學閥的弊害，就會讓金權金脈跋扈一般，路途不一定很平坦。亦即，路途將會蜿蜒曲折，有時會繞一圈又轉回原處。

只顧自己方便，而不考慮別人的立場，很容易引起對方的怨恨，倘若這股怨恨不能合理發洩，或得不到適當補償，便永遠留在內心，深入潛意識裡，輾轉輪迴，生生死死，只待因緣成熟，便成為果報了。所以，凡事要替別人想想，不要「我執」太重，便成了自私，日子一久，對於和諧與友好的殺傷力大得無法估計，這是做人處事的座右銘，學佛的人要特別小心。

本來陌生，或無緣無故聽到對方的好話連篇，小心知人知面不知心，不要很快耳軟才好。一旦上當，損失慘重，甚至有性命之虞，懊悔來不及，若能防範於先，早有這種常識，即使走遍天下也安全，造惡口業固然不對，但也不能不防周圍人們的惡口業——花言巧語或撒謊……。

凡事有輕重緩急，不要搞亂秩序，否則會一蹋糊塗，不得成就，這樣跟愚痴何異呢？

因緣隨時會改變，眼見快得到的結果，想不到確實到手；也可能有意外，故不要太大意，理應隨時掌握狀況，調整方法，朝向目標努力，才能圓滿成功。

漫長人生，會碰到數不盡的緊急狀況，這時要靠機智，才能破解困境，轉危為安。圍繞人們的環境變化多端，可是人本身和文明發祥的時代並無大變化。切勿只為眼前事物顯得一喜一憂，人人應盡力以這種尺度來觀看人間事物。

## 86. 提升自我能力

不患寡，而患不均。——《論語》

當然，錢愈多愈好。但以現實問題而言，沒錢就是沒錢。不得不疲於調度少許的金錢。

在那場合裡，最重要的是讓大家感到公正。例如，嗜酒如命的父親，一旦無力購買孩子在校的必需品時，家庭的和平就不保了。或者子女使用的電話費過度，或者洗髮使水費異常多時，就會遭來怨聲。

公司也是如此，既非老齡、亦非大企業董監的經營者，口口聲聲強調節減經費，然而出差外國時都是坐在頭等艙，於是員工的不滿日益坐大。或者在家族企業上，以交際應酬為名目而大肆斥資於遊樂上，當然會招來員工的不滿。於是，一人、二人……，辭職離開公司的人接踵而至。

如果真的缺乏資金，當然要節約經費。人不會對錢少感到不滿，而會因自私的行動發出憤怒之聲。

在空中流動的白雲，究竟飄向何方，無法揣測。心就像雲一般，難以捉摸。

自己的心雖然屬於自己，但是，自己卻無法操作。可是《法句經》說：「智者可加以調整。」反過來說，能好好調制自己之心的人，才擁有智慧，也就是擁有如來智慧的人。

人之所以異於動物，就是因為有和經驗的累積相對進步的能力；假若不懂把握這份天賦的靈性，就等於是自動放棄人類可貴的特權了。

有些人明知成功是要付出代價的，但卻偏偏老是期盼著不勞而獲。

換句話說，就是希望不費吹灰之力，快快樂樂地賺大錢，然後出人頭地，在社會上有所名氣。

事實上，一個人若想要如此，他勢必要經歷過一番嚴厲的考驗。而那些考驗，將是任何想要功成名就的人所無法避免的。

法國的思想家愛爾坎休斯說：「我們之所以鍾愛名譽，並非為了名譽本身，而是為了其將帶給我們的利益。」

希望我們都有追求本質高尚，能「提升自我能力」的利益心。

# 87. 因緣成熟時

乖僻自是，悔悟必多；
頹惰自甘，家道難成。
——《朱子治家格言》

有人在取得他人餽贈的禮品，或受到邀宴時，就會感覺不立刻回報，心裡就不舒坦。或許過於注重禮節，也可能不想因此積下人情債。

總之，有借就有還。但是，送禮或請客的那一方，在獲得對方回報時，心裡未必高興。因為要送禮必然有其理由，因此，能坦然接受饋贈者的誠意也很重要。

對接受的那一方而言，或許會有戒慎恐懼感，但對方卻能滿足於自己能力所及之事。前輩宴請晚輩，必然也有同樣的心態。除了想發揮身為前輩的風範，或者視對方如小兄弟的目的之外，「站在主人立場」的自我滿足感也是不置可否。

尤其是二十多歲的青年，不必對前輩的好意感覺負擔。只要很歡喜地加以接納，才能讓對方高興。至於如何回報，可以等到自己四、五十歲時，再回報給晚輩。

不勞而獲的東西不可靠，亦不能持久，總得設法去徹底解決。同理，只有靠自己辛勞的結果，才是最穩當的獲得方式。如果面對強勁的敵人，聲勢咄咄逼人，而自己必須活下去時，只有靠智慧去解決，但不能憑血氣之勇，或普通方法，那樣只會自取滅亡，徒自犧牲，這是非常愚蠢的方法。所謂天無絕人之路，如果自己設法破解，上天亦不可能幫忙時，就非用特殊的謀生方法不可了。

世人不可能一輩子一帆風順，所以，從小就要接受嚴格訓練，養成去敵制勝的求生本領，以備不時之需。若不這樣，就不可能有智慧去突破困境，制服敵人了。

世間任何人借債還錢，都是天經地義。倘若刻意抵賴，或其他原因不能償還，這輩子縱使不覺愧疚，下輩子也會做牛做馬來抵償，這樣兩不相欠，因果使然，沒有什麼好奇怪。而今有人欠一大筆債逃到國外，以為可以不受法律制裁，甚至以自殺逃避等，都違反借貸必須償還的原則，最後也難逃無相的法律——因果報應。所以，那是昧於因果的愚癡做法，大家小心為是。

人生的業力有多大，像佛陀不但有神通，出了三界，成為天人導師，依然沒有完全跳出因果報應。前幾世的借貸承諾沒有實踐，而今因緣成熟，仍被對方央求救助……。

# 88. 永保年輕心境

燕雀安知鴻鵠之志。
——《史記》

「燕雀」是指燕和雀，「鴻鵠」是指鴻和鵠。字義解釋是「如燕或雀等的小鳥，豈知鴻鵠等大鳥的志向呢？」引申為「小人物豈知大人物的遠大之志」？

因此，如果周圍人們取笑你，或在你的背後閒言閒語時，只需喃喃自語「燕雀安知鴻鵠之志」，而貫徹自己的志向即可。例如，為了研究外國文化決心和外國人一起生活時，絕不聽信耳畔的無聊雜音。對於自己一心想做的事，有時須突破一般見識，勇於面對挑戰。

本來，社會也只能接受一般性的、習慣性的、平板性的而已。於是，也只能理解到那種程度而已。所謂「志」，是自己本身所擁有的，已經超越好於批評他人的社會水平。因此，應該更具信心勇往直前。

羅馬不是一天造成的；相同地，偉大的成就，也不是朝夕可得；它是歷經長久的歲月，點點滴滴累積而來。但我們隨著年紀的增長，活力會逐漸消失，而慢慢放棄年輕時的理想與抱負。另一方面因生活經驗的累積，處事態度也愈老練、世故。

也因此，遇到任何事情都容易妥協；但這種現象卻會成為事業成功的障礙。

為了避免這種情形；所以，即使已經歷人生挫折，仍須繼續保持著年輕時發奮圖強的壯志。

我們不妨找在事業上有成就的人，仔細觀察他們的性格及處事態度，您將會意外地發現，他們有份與年齡不調合的孩子氣；許多大人們不感興趣的事，他們卻非常關心；且他們會在團體中坦率地提出意見，或露骨地表達自己的感情。

但是，這並非意味著這些成功者人格異常，而是他們的精神永遠年輕，且不忘年輕時，勇於表現的魄力。

懂得利用經驗的人，即使失敗了，也沒有什麼損失，因為他們能從挫折中獲得教訓，奠定日後成功的基礎。這樣的人也永不會遭受同樣的失敗。

相反地，有人一朝成功，卻不懂得謙虛自持，及多方面的充實自己，只一味夢想轟轟烈烈的成功，這樣不僅無法將夢想變成理想，而且再也不可能有成功的機會，因為可能一時僥倖，卻不可能一輩子都有這樣的運氣。

# 89. 珍惜每一天

觀無常而不厭善本，觀世間苦而不惡生死。——《維摩經》

一到正月新春，我們就會道聲：「恭禧、恭禧！」互相祝賀。一年又一年，每當添了新歲，人們便要說聲：「恭禧！」但是，我們人類，不！不光是人類，凡是一切生物，既有了生，便非死不可。

「人類的死亡率是百分之百」，第一次聽到這句話的人都會嚇一跳。若要仔細計算，例如，癌症的死亡率是多少，腦中風的死亡率是多少，所有的尾數都會一清二楚地出現。但是，人類的死亡率卻是毫無疑問的百分之百一個整數。

有個名和尚說過一段話——

是我先　是別人先　今日也不知　明日也不知

話雖這麼說，事實上我們每一個人所想到的只是「別人先、別人先」，絕對沒有人會去想是「自己先、自己先」。

如今，人類的壽命顯著地延長，雖然不管是男是女都能夠在世界上活得更長久，但是既然生了下來，則在某個時候，也無可避免地非死不可。因此，即使盼望正月的來到，對我們來說，並不意謂著死亡之神正在那兒守候著我們。正因為我們並不知情，卻無異所有的人類全被宣告死刑。宣告死刑之日，沒有人知道，而事實上總有那一天，我們非向這個世界告別不可。

若能這麼，在我們每天每天的生活中，便不會有今日過了還有明日，還有後天；今年過後還有明年的想法，而是把今天這一天、拼命地、努力地去充實渡過。

當人們互道「恭禧」時，仔細反省一下，便會首先注意到，死亡遲早也會降臨在自己身上。而且，在所有的生物之中，只有人類會事先知道自己是非死不可的。其它的動物被棒棍所打時雖也曉得要逃，但是無論如何，牠們怎麼也不會料想到自己遲早都得死。

正因為如此，身為事先知道「死亡」一事的我們，難道不該坦然面對死亡，在非死不可的人生中，做一個真正的人類，把每天都生活得有意義嗎？

人心有快樂、悲傷的時候，從整體來看，只是隨著緣而變化心情，如果認為心隨緣轉，雖是悲傷，但盡情的發洩之後，悲傷就會過去，人心就會安詳。

# 90.「他力本願」的真意

居舍若不精細，下雨必會漏水。心不調，必被貪慾突破。
——《法句經》一三

佛教中的許多字眼，很多都被用在日常生活中，可是使用的意思與其原來的意思，往往具有相當的差異。

例如：「往生」、「成佛」，以及「講究吉凶」、「因緣」、「自作自受」等，都和原來的意思有很大的出入。

而一旦曾經被當做某種意思而普遍地使用時，不知不覺間，連字典上都會記載著這種被誤用的意思。例如：「一蓮托生」，原來的意思是指在陽世為夫婦或愛人的人們，在死後，會在極樂世界的蓮花池中，往生為同心蓮，可是在字典上卻被解釋成「以陽世的行動或命運為本之事」，而人們也大多照此意思來使用。

典型的例子尚有「他力本願」一詞。「他力本願」中的「他力」，指的是佛教支流淨土教中的阿彌陀佛的力量。藉阿彌陀佛而起誓的願望稱為本願，並非只是「他人的力量」或「其它的力量」之意，況且，連本願都沒立如何借力？漸漸地人們也造出了一個根本不可能的成語「自力本願」。

當然，宗教用語並不只限於佛教用語，基督教等的用語也常常被使用在罵人的時候，而對那些不信宗教的人而言。相反地卻常使用在諷刺、嘲弄別人的時候。

其次還有把白色的米粒稱為「舍利」，或是「銀舍利」，甚至把自己的小孩稱為「餓鬼」，或者從和尚的頭形聯想而來的「和尚頭」，把「和尚」當作是高中生的代名詞。

如果是好不容易刻意地使用佛教用語的話，至少也該多瞭解一下原意，而後才加以應用。所謂的「舍利」，原來是聖者的遺骨之意，因其形狀與米粒類似，所以有人便把米粒戲稱為舍利，如果一旦明白了這段緣由，就不會有人把自己吃的飯叫做「舍利」了。

學佛的人不要迷戀那些雜味，那是捨本，因為根本仍是在雪山上，它才是樂味，即原來的佛性，只有它才能使人真正離開苦惱，得到歡喜。

凡是領悟佛法的善知識，都應以好堅樹自擬，不遲疑、不畏縮，挺身出來破邪顯正，救渡眾生的苦惱，才是責無旁貸的事業。

# 91. 吉凶來自「因緣生起」

恩怨有報，絲毫不爽。
——《大方便佛報恩經》七

吉凶原來自「因緣生起」，亦即「在這世上所有存在的現象，毫無例外地，全是直接的原因（因）和間接的原因，或被給定的條件（緣）所引發而生的」。

也就是說，一個人會成為地球上某一家的一個男人和女人的某位兒子或女兒，並且被誕生於現代這個時代，這個事實全是早被給定的條件，與其本人的意志並無直接關係，這就稱為「緣」。

與此相對的，其人一生究竟如何地生活，這雖也在緣之中，但因其乃依個人的意志所決定的，稱為「因」。所以，不管你是多麼不願意，這種既定條件的「緣」是沒有改變的道理，但是，至少在「因」方面，可以憑自己的努力與意志而改變。

當然，不論如何努力，如果既定的「緣」不好，努力的結果仍然有限。即使如此，隨「緣」而放逐，與在「緣」中做最大的努力，當然結果會有很大的不同。

佛法講三世因果，不止於今生今世，而是上自前生，下至來世，都不離因緣果報，所以今世若無緣無故得到某人的恩惠，別忘了有果必有因，那是他前世欠你的債，今生來回報你。同理，今生若無緣無故被人迫害，也是你前世積欠他的怨恨，才遇到該得的果報，所以不要怨天尤人，應該自我反省。

所謂善因善果、惡因惡果，累積好的「原因」，當然會產生好的結果，而累積壞的「原因」，當然就會遭致惡果了。

但是，如前所述，不論其人的一生是如何不間斷地實踐良好的行為，如果其生而被賦予的「緣」極端惡劣，未必就會有好的結果。而相反的，如果是天賦的條件相當優秀，即使沒怎麼努力，未必就得不到好結果。

重要的是，如果對既定的緣感到絕望、死心，或是悠然自得的話，其結果必是，即使不在其人的一生，在其子或其孫的時代中，將有可能會出現惡緣。

例如，頭腦、容貌、家世、財產雖然全是直接地受自雙親或祖父母，然而使其更好或更壞，則完全是接受者本人的責任，而其結果會導致所留下給後代的究竟是好還是壞。

就是這樣，所謂因緣生起的想法原來是應該極具建設性的，可是不知不覺間，其本人全然不努力，單只表面的，浮面的接受，而演變成「迷信吉凶之兆」，實在可悲。

照理說，現代人應該都要能瞭解，不論如何講究吉凶之兆，不努力的話便什麼也不是，可是究竟是為了什麼原因，每個人都誤以為只要講究吉凶，幸運將會從不知名的地方飛舞而來，真是令人困擾的事。

熟知因果報應的道理，只是「躺在床上等待果報」的話，不管到什麼時候，幸福都不會真的來臨，這一點希望大家都能明白。

佛果禪師說：「氣勢不能使盡，就像福也不能一下子享盡。」

每個人在運勢順利時，都會有藉著這個運氣，而一下子獲得所需要的東西的這種念頭……但這種好運道，是否能持久？或者可能因一時的貪念而弄巧成拙；所以，凡事應適可而止。尤其是成功時的志得意滿，特別需要有控制的能力，及懸崖勒馬的警覺性。

在最緊要關頭，因沒能扭轉局勢，而前功盡棄的例子太多了。所以，不能將氣勢使盡，就和不可對幸福快樂的事，貪求無厭的道理是相通的。

# 92. 把「自己的生存方式」當作遺產

明善誠身，聖訓諄諄。同成正覺，不別群倫。——玉歷寶鈔

一個人終其一生所能積蓄的東西如財產等，其數量有限，可是我們仍然為了年老之後，或為後代子孫著想而一個勁兒地積存。

的確，如果不乘著能積蓄的時候多存一些的話，將來必然會發生困難，這是一個事實。可是正如諺語所云「不替子孫買美田」，死後如果留下太多財產，說不定子孫們反而成為無所事事的懶惰蟲了。

有些人不以為然，認為只要還留在世上，即使等到後來什麼收入都沒有的時候，仍是非想辦法不可，一念及此，便認為一些的存款和一棟房子至少是必要的。可惜的是，自己將於何年何日死完全不能預知，所以，即使你能算出貯金的總額，以平均壽命減去現在的年齡，而算出每一年可以使用的金額，這又有何意義呢？

再者，如果考慮到將來的通貨膨脹問題，誰能保證現在能夠賴以維生的金額、

在未來照樣能行得通嗎？

明白此事實之後，即使人們拚命努力，不肯充分地享受美食。壓抑休閒娛樂，即使一點點也要積存起來，可是究竟到何程度才算足夠呢？卻沒有一個界限。

關於此點，古人有首詩可引以為戒。

還需留下什麼遺產　春有百花　夏有杜鵑　秋有楓葉

它指的不光是遺產問題，在我們的日常生活中，如果都能存著「明天不一定也能有這些吃的食物」心情，那麼，我們的日子在心存感謝中會是多麼的豐富。

聖經上說：「人不光是為麵包而活。」

的確，人為了生存就得吃東西，而為了要吃東西便非得工作不可！可是，如果人類只是為了要吃東西才工作，那麼，生而為人的意義不就蕩然無存了嗎？

不論是留下幾億、幾十億的財產，或是多大的公司或大樓，都不能保證自己的子孫能因此而幸福。相反地，在自己死後，為了分財產，在子孫甚至親戚之間常常引起很大的爭執，這一類的例子，我們都可以在許多擁有大財產的家族上發現。

與其留下這些只有實體的財產，不如如前首詩所云，像春夏秋冬所取悅人類的一樣，只留下自然給後代子孫才是最重要的。

我們往往因愛，而對其人的惡行不知。反面的，憎恨的情感太強，連人的優點都會抹煞掉。俗語說討厭和尚，連和尚的袈裟也討厭。和其人有關的一切都憎恨。

愛與憎之意壓倒理性，感情用事連眼睛都被蒙蔽了。這點應該好好的引以自戒。雖然喜愛對方，但對方有錯時不可加以妥協。同時，自己不喜歡的人，必有其優點，自己討厭的人，他的優點我們不能蒙著眼睛抹煞掉。

看看我們的社會，為追求物質利益，破壞自然、製造公害，甚至可能為國家慾望的擴大而引發戰爭。讓我們生在現代的人們，再一次品味一下前面那首詩的真意，過完無悔的人生。

每個人都應該衡量日常生活的需要，適當的限制慾望，與滿足現狀；否則，任由貪慾像無底洞般地侵蝕自己，那永遠也沒有幸福可言。

瞭解自己的能力，給予適當的鞭策，才是上策。須知，一個人最可悲的是，羨慕別人所擁有，卻老是不滿自己的一切。如此不幸也就接踵而來。

俗語說得好，「不知足的人，即使富有，內心還是貧窮的」。

# 93. 燒香的意義

一切之行無常，擁有智慧，
會厭其苦，而入清淨之道。
——《法句經》二七七

《法句經》第二七七首寫的「擁有智慧」，前面說過，佛教思想中所說的智慧，並非世間一般的「生活的智慧」，而是排除執著心，確實認識真理的智慧。意味著「率直的智慧」。

以率直的智慧來看無常，花凋零時，自然感到花凋零而已，這時並沒有自己本位的想法，因此「厭苦」，意味不會痛苦。

參加葬禮或做法事時，最感到困擾的是，因為不明白燒香的方法，為了模仿前面的人的做法，非得在後面窺望不可。

最近有許多有關「冠婚葬祭」的書出版，亦即教人們「如何做」的書，在什麼場合，該怎麼做才正確等等。可是為什麼要這麼做，又為什麼依各宗派的不同，燒香的方法也不同呢？這些在書中卻甚少提及。

燒香的習慣自古印度以來便存在，其理由約可區分為二種。

義。

其一是，為了濯淨燒香者自身的身心；其二是，對信仰的對象或死者的供養意

因為燒香的做法變得雜亂，有的人認為非燒三次不成禮，有的說要抓住香的上方，亦即拈香之後再行點火，也有的認為不必拈香，各種議論都有。

整理一下來看，認為必須燒三次的宗教，主張燒香三次是對佛教中皈依的對象——三寶，也就是佛、法、僧等一個一個地供養。而主張燒二次的則認為分別濯淨身和心二方面而言。至於主張一次便夠的，則以為只要專心一致，便可達到洗淨身心的效果，所以燒香一次便可。

再者，把香抓住後高舉在頭頂上的燒香法，其含義在於對皈依對象的供養。而認為沒有必要拈香的，則是以為污濁的凡人沒有資格供養神靈或死者。

把這些想法加以組合，實際上，雖有各式各樣不同形式的燒香法留傳下來，可是對一般的參拜者來說，因為看起來既恭敬又虔誠，所以雖不知其含意，仍然花時間抓了三次香，而且一支一支地拈香之後再行燒香。

要用什麼方法，只要參拜者本身認為好便可以了，可是當參拜者眾多的時候，

也要考慮到不要帶麻煩給排在後頭的人們，而且完全不明白其意義，只認為燒香次數愈多愈好，不是反而變得無意義了嗎？

在印度，他們是希望能藉著線香的煙，把供養物送到天上的世界去而燒香的。但是，仔細想想，死後的世界就物理學上來說，應該不僅限於上方，所以，我們只要認為燒香不過是此種願望的具體表現即可，不是嗎？

不論如何，不要太在意燒香的方法，只要對將去參拜的信仰對象或死者心存尊敬便可以。

順便一提的是，神道中以鹽來洗淨心身，而這種形式不知在什麼時候也成了佛式葬儀的儀式之一，在回宅的時候將鹽巴撒在身上便成了一種習慣而留傳到現在。

心或身體的污穢是否真能藉香或鹽巴去除掉？終究不清楚，但是，如果在這之中，人人都能抱著一種反省的態度，想到人類原本就是污穢的存在，那麼，這些習慣就不是完全無用了。

但是，更重要的是，要如何才能真正去除掉心或身體的污穢呢？這是最值得思考的。

# 94. 溫柔的心情

珍視今日，它就是人生，最真實的人生。
——名言

所謂「黃泉路上無老幼」，意指人的死亡不按秩序，也不照排列，白髮人送黑髮人的實例，古今皆然，中外都有，而家屬惟有徹底領悟「人生無常」的道理，才有智慧去面對和接受，否則一定痛不欲生，很難跳出傷慟的陰霾。

家裡若有人去世了，每過了七七四十九日或百日後，便會有周年忌等的供養儀式。或是每到清明節時就要去祭祖掃墓。但是，我們所謂的祭祖掃墓到底合不合理，諸位可曾想過。

一到寺廟去，便會看到許多人嘴裡喃喃唸著「無病消災、無病消災」，然後把香插到香爐上，漸漸地線香上的煙便飄往身上來。這時候我常說「老太太，你雖然唸著無病無災、拼命地燒香膜拜，可是如果線香的煙飄到您身上，我看非但不會無病無災，反而先氣喘個不停吧！」可是她卻答道「謝謝你，但是無病消災」，照樣做她的，一點也沒有改變。

活著的人被煙燻了知道要逃跑，可是墳墓中裝的是什麼呢？一堆枯骨、一堆鈣元素。我們那已變成鈣元素的祖先們可逃不了啊！

即使如此，還是一個勁兒的上香，甚至還供些根本沒吃過的生果蔬菜。之中如果有那位祖父是貪杯的，便帶去一大瓶酒，然後嘩啦嘩啦地倒在墳墓上，大概以為這些東西也可以送到陰間去。

然後再來是什麼呢？頂好是送上一束花。但是，花都是面向哪兒呢？所有的花全向著人類，可憐墳墓裡的祖先只能看到花後側的一堆髒兮兮的莖。

不，這可不是在說諷刺話。為什麼要供花呢？花又為什麼要向著我們自己呢？為什麼食物都沒吃就供上去呢？為什麼要插香呢？事實上，每一個都各有其意義。

但是，誰也沒有想想為什麼要這麼做，只要是去祭拜祖先的墓，便覺得這樣做就滿足、足夠了。

死去的人，人們都認為是神靈。亦即我們的祖先會變成了神靈守護著後代子孫。如果我們去祭墓，供上各種食物，便會時常守護著我們。因此，為了表示對祖先的感謝之意，而有了祭墓的儀式。

既已去世便全過去了。因此，懷著感謝的心情去祭拜就可以，可是更重要的是，對那些尚在人世的人，我們究竟為他們做了多少？亦即，為了不使自己將來後悔，所以要積極地為周遭的人們奉獻。這才是更為重要的。

如果完全忘了這些，只是對著墓碑合十膜拜，對著墓碑供上各種東西，以為這樣便算盡了自己的義務，那可是大錯特錯了。

重要的不是對那些已成神靈的死者，而是現在仍生活在我們周遭的人們，我們更要以一種溫柔的心情去對待，這個意義不是更為重大嗎？

生命有限，最終當然是「死」。在任何人皆無法避免「死」的事實下，若能超越悲苦，將悲苦轉化為使有限生命更具意義的動能。如此才是正確的人生觀。

主張存在主義的德國哲學家海德格（一九七六年歿）有句名言；「將死亡緊緊握在手中積極的活下去。」

古諺：「蜂蛾也害飢寒，螞蟻都知疼痛；誰不怕死求活，休要傷生害命。」愈是排拒死亡的事實，愈是有死亡的恐懼。唯有以勇者的姿態面對死亡，積極的活下去，才能達到與死亡同化的境地。

# 95.「冥福」與「現福」

——三世因果恩怨相連。
《大方便佛報恩經》第三

有句話說「父母愛自己子女的心多過子女孝順父母的心」。的確，父母們帶著強烈愛情對子女們的關懷，遠勝過子女們對父母的關心。

有兩件事如果是它們隨時都存在，我們就容易忽略了，那就是父母和金錢。金錢的情形很容易瞭解。

早上，我們換了一千元的零錢。到了傍晚便不知去向。「噫！那些錢到哪裡去了？」自己漫不經心的花用，結果不知不覺間就得擔心要花光了。

父母的情形雖與金錢不同，可是就我們認為父母們總是康康泰泰的，應該不會死去的時候，往往不知哪一天他們便突然去世了。

啊！以前我為什麼不多盡點孝心呢？至少我得辦個盛大的葬禮來補償一下，於是擺滿了許多的花圈，甚至叫來了一群和尚、尼姑，於是張羅了一番盛大的葬禮。

「世界上可沒有人死了之後還可再回到人世間的。」即使宗教上的說法是，死後的世界有天國，有神仙之國，有極樂世界，有佛的世界，可是有誰去看過呢？雖然死後的世界有種種說法，可是事實如何？誰都不知道。

希望父母死後能得到幸福，便是所謂的祈求冥福，即冥土的幸福。

可是，與其在父母死後才巴望著能夠讓他們在死後的世界裡得到幸福，何不在他們還在世的時候，快樂地奉上一杯茶呢？

特別是父母們，正因為覺得他們隨時都在，我們反而就忽略了他們。事後再多的反悔也沒有用。因此，希望諸位在父母親尚健在時，能夠每日善盡孝心，到了哪一天父母們有個萬一時，我們也能告訴自己，自己已經善盡了責任。

父母死後才知父母恩的例子不勝枚舉，現在人比古人聰明不到那兒去。一面流淚，一面感歎的說：「因你之死，才使我明白了。」這些都是無法用語言表示的。

事實上，常常是失去了雙親後，才想到，如果再多盡些孝心就好了，而後悔不已。儘管如此，有些人卻以為只要辦個隆盛的葬禮，多替他們求求冥福，自己便可心安理得了，那實在是天大的錯誤。到底仍是希望諸位在父母尚健在的時候，多為他們做些事吧！

仔細想想，父母親們對子女幾乎可以說是不要求任何報酬的。而所謂的孝順，便是當自己的子女長大成人的時候，有一天，會忽然發現，自己如今這般關懷照顧自己的子女，當初父母們不也這樣對我嗎？

只有到此時，才會開始真正想到孝順吧！

然而遺憾的是「子欲養而親不待」。身為父母的人不也是同樣的情形嗎？自己不久將會死去，到那個時候，即使子女有心要孝順，父母卻已不在人世了。

這樣的情形在歷史上重複上演著。我們既生而為人來到人世，總有比事後才叫來一群誦經團，辦個大葬禮更重要的事。

那便是，在父母健在時，讓他們都能真正的展露愉快、安心的面容。「當金錢和父母都存在，我們就容易忽略了」，這句話真是相當深具意義的內容。

不管你信奉什麼宗教，也難逃世間因因緣緣，興衰起伏，不能永遠昌旺。萬事無常，千真萬確，世人要多加領悟。

# 96. 自作自受——身、口、心的行為

勿見他人之過，勿責他人所作，自問自己做了什麼　——《法句經》五十

「自作自受」這句話常用在不好的事情上。那個人變成這步田地也是自作自受！不論怎麼說，事實上，自作自受這句話常指的是自己所做的事情，其後果由自己承擔。因此，做好事就得好結果，做壞事便得自食惡果了。所謂善因善果、惡因惡果，指的便是自作自受。

可是如果你跟人說：「那個人終於成為立法委員，這也是自作自受。」這麼一來，可能惹人不高興了。如果覺得因這句話而生氣，是件怪事的人，可能就是認為自作自受也可以解釋成「經過那樣的努力，而終於得到如今的好結果」的關係。

可惜的是，如果下場是好結果不說自作自受，只有在演變成不好的結果，感到死心、斷念的時候，才使用自作自受這句話。

「不作諸惡」的道理大家皆知。但是，我們常於不知不覺中犯惡，有時明知是

惡卻又從之。這是人的常性，從另一個角度看有生命的人都會這樣，可是在指著他人之前自己本身要先感覺痛苦，這才是宗教的宗旨。

這世界毫無疑問是善因善果、惡因惡果的世界。這一說可能有人要抗議「少開玩笑了！我難道就做過什麼壞事非得落得這種下場嗎？反過來說那個傢伙，什麼正經事也不見他做，卻這麼幸運！這又是什麼道理？那個偷走三仟萬元的強盜一直到現在不是都沒抓到嗎？那傢伙真是不勞而獲，平白賺了三仟萬元。」

果真如此嗎？事實上，自作自受這個字眼其實包含了身體的行為、口上的行為、心裡的行為三件事。

例如，雖說不曾付諸身體的行動，可是難道沒有在嘴上犯過罪嗎？難道不曾在口中喃喃祈求著某人最好死了嗎？不！不只希望他去死，甚至是「那傢伙，真想殺了他！」這種事情難道沒有嗎？

大致上來說，自己一生中可曾殺過多少個人？至少在心中我們會想著「那傢伙早點死了算了」，對於討厭的上司或不順眼的屬下我們也常在心中想著「那傢伙為什麼不在今日被車子壓死呢？」這麼一想，即使態度上沒什麼異樣，可是肚子裡卻計畫著各式各樣的壞念頭。這一來很可能就因此自作自受，亦即就會演變成自己本身將來的後果。

不僅如此，自作自受的因果關係可能遍及長遠可見的過去到現在，或現在到未來之間。例如，父母親拚命地在他們這一代積蓄了財產、開創了公司。當他把公司傳給兒子的時候，或許這個兒子真是什麼也沒做。正如古諺所云「父母種的因就由子女受其果」。

這句話可不光只有惡意，雙親努力的結果傳給子女，而子女所做的事又傳給下代子孫，這是非常重要的。

如果從此意義上來看，這世上真是惡因惡果、善因善果。有句話是「福從天降」，也有「守株待兔」的成語。等著等著兔子便跑來了，跌倒了。如果繼續等下去，兔子還會再來。

可是並沒有「福從天降」。還是得先種善因，即使不曾馬上享受到善果，可是不一定非得在自己活著的時候，可能就在下代子女的身上便會結出善果。而反過來說，如果做了壞事，在子孫一代便要飽嚐惡果了。

# 97.「父子有親」人類祥和

望梅止渴，亦甚方便。
——《法華經》第三

做為必須遵守的道德，以往的人自小便被諄諄訓誨要「忠君孝親」。忠君另當別論，而親子關係中的孝順，即使在今天仍是受強調的一種好倫理道德。

事實上，孝順的想法來自於儒教的思想。但是，不容遺忘的是，孝順的實踐並非來自雙親對子女的強制實行，如「養兒方知父母恩」一句俗諺所言，站在孩子們的立場來說，只有在成長之後，方能體會雙親的愛情與恩情，而孝順便是在此心情下如自然之感情般地將之懷抱於心中，然後再以具體的形式表現出來。

然而，做父母的卻往往未必能夠長壽到終於讓孩子瞭解到父母心的一天。所謂「樹欲靜而風不止，子欲養而親不待」，在想要孝順的時候，多半父母親中早有一人辭世而去了。

因此，等到「子欲養而親不待」時，就會想到，如果能早一點體會到父母親的恩惠，多少也能盡點孝心，而往往後悔不迭。

然而，儒教所闡述的親子關係乃五倫五常中的一環，正確來說是「父子有親」。而「親」包括了父親對子女與子女對父母的雙層含意。

亦即，父母必須做到父母所應為的事，子女也要實踐子女所應做的事，所以所謂的「親」，並不單是孝順的單向行為。

也就是說，父母對子女有生養、教育、使就職、使繼承財產的義務，當履行完這些義務之後，再來便是已長大成人的子女來照顧年邁的雙親，一直到他們去世為止，給予充分的供養。

可是，在台灣曾幾何時父母親一方的義務被蔑視，而對於小孩子們卻從小便強制要他們「孝順」。

這麼一想，至少儒家思想所闡述的親子關係在今日仍然存在。

在感嘆「為什麼我的子女變得這麼不孝順呢？」之前，如果能先反省自己，是否充分具備雙親的資格，這麼一來，對子女的想法便多少會改變一些。

誰都不是依自己的意志而被生下來，所以在孩童時期，「可不是我要求你們生下我的！」抱持著這種感情的並非沒有。而當子女漸漸成長的時候，為了要讓子女們能夠心存感謝「我雖不曾要求你們生下我，但你們的確把我撫育成一個優秀的人」。

這時做父母的絕不能抱持一種驕傲心態，認為「可是我生你、養你的哦！」「你想想你能有今天是託誰的福！」而是應該以一種「好不容易能夠生而為自己的子女，雖然或許不能充分地培育他，至少我會試著努力」。之心情來撫育小孩。這麼一來，子女們一定會對父母親們行孝順之道的。

為人父母，或身為主管、統率、教師，尤其要懂得方便城的妙用，才能激起兒女、士兵與學生們的共鳴，達到自己所設想的目標。所以，方便法是非常符合教育原理的智慧，直到現在都很管用。

社會是現實的，而現實是殘忍的；假若對任何事情都過份要求完美，當然無法在這個社會生存下去，但有時也不能放棄自己的原則。

的確，適度的苟同與妥協態度，是處理問題的捷徑。而任何事情以堅持的態度要求完美，等於是繞道而行；雖然是同樣的抵達目的，但走捷徑與繞道而行時，當事人所抱的態度必然不同。

# 98. 無謂的殺生

持「戒」第一，才能得「定」。
——《思奈耶》第一

除了基督教之外，歐美的宗教中也有所謂「地獄」的觀念。一般來說，指的都是死後要去的惡世界。當被問到，地獄究竟是什麼樣的世界時，一般人，在腦海中會浮現什麼情形呢？

當然，普通的想法都是血池針山的地獄，接受各種刑罪的痛苦世界。事實上，地獄也有各種不同的種類，較廣泛的區分，則可分為所謂八大熱地獄的炎熱地獄，以及所謂八大冷地獄的嚴寒地獄。

其中有關炎熱的地獄方面，大家一定都很清楚其名稱。如叫喚地獄、大叫喚地獄、焦熱地獄、大焦熱地獄、阿鼻地獄（無間地獄）等等，應該都曾在某個場合聽說過。

那麼，究竟是哪些人非進地獄不可呢？

根據自作自受的道理來說，應該是為惡的人會下地獄，問題在於「為惡」的內容。

在佛教中有所謂的五戒，是所有的佛教徒都要遵守的戒律。如果不遵守五戒，便會下地獄。

所謂五戒——不奪取生物的性命之不殺生戒；不奪取他人之物的不偷盜戒；不具有不正常的男女關係的不邪淫戒；不說謊話的不妄語戒；不喝酒精飲料的不飲酒戒等五戒。

所謂「說謊的話會下地獄遭閻羅王拔舌」，事實上便是前面所述的，犯了第四條的戒律所致。

順便說明一下，為什麼喝酒就必須下地獄的原因。並非表示喝酒本身是不好的行為，而是喝了酒後會麻痺人類的良心，因此，可能導致觸犯前面四戒的可能性，所以特別定下這麼一條戒律。

不管怎麼說，破壞了這五戒的行為都被認為是「為惡」的行為，因為它會給其它的生物或人類帶來不幸。

例如，人類為求生存，無論如何便非奪取其它生物的生命不可，這個理由雖也可以成立，但是站在被殺的一方立場來看，再沒有比這更大的不幸了，所以，為朝著儘量不殺生的方向努力，而定下了不殺生戒的戒律。

因此，若是活在世上的時候，切斷了他種生物的生命，在死後便會下地獄，自己便會遭受到彷彿變成他種生物一般的折磨與痛苦。

不論是從因果報應的理論來看，或是從站在萬物平等立場的佛教教義來看，這都是必然的結論。但老實說，這也是為了要依這種說法，使人類儘量不要做無謂的殺生所衍生的說辭。

總之，這世界上有太多的人雖幹盡壞事，可不見得受到充分的處罰，所以便非主張「無論如何！也會在死後的世界受審判」的說法不可。

但是，至於是否真有地獄這個恐怖的世界呢？只要我們能夠瞭解到，在我們的一生當中，都要努力儘可能地不要給其他人或其它生物帶來痛苦，那麼這個地獄的觀念就決不可丟棄。

平時少親近惡知識，免得不知不覺中被邪見薰染，而造下滔天罪業。既然造了惡因，便難逃惡果，那怕逃到海角天涯，也照樣不能倖免。

# 99. 不要在綠色信號時通過

自行開悟，報答佛恩。
——《福蓋正行所集經》第六

各個眾生的根性不同，與生俱有的性質、希望和嗜好等，各異其趣，佛世尊勸導大家在六波羅蜜——布施、持戒、忍辱、精進、禪定和般若——等修行中，應該特別重視布施、持戒和禪定。

佛教的修行中有所謂的六波羅蜜。六波羅蜜或許會叫人覺得是困難的辭彙，但是現在仍有所謂的「六波羅的入道」這個詞。

這是六個實踐的意思。其中之一的修行便是忍辱。套句現代的話即是忍耐。忍耐是什麼呢？有名的高僧回答是「不生氣、心要圓滑、氣要長、自己渺小、別人則大」。

而其中的「氣要長」指的是什麼呢？

我曾經向某人請教過。

當我問道：「到底何謂忍辱呢？」那人說：「你是在什麼顏色的燈號下過十字

路口？」我回答：「當然是綠色了。」事實上有時候我也在黃燈亮起時通過。可是我回答：「綠色時通過。」那人卻說：「不可以！」「綠色燈誌時不能通過的話，難道是黃色嗎？」「很危險喲！」「那麼是紅色囉！」「那樣會被車撞死呀！」

「那麼，到底什麼顏色的燈誌閃的時候通過才好呢？」

「如果是綠色燈誌，你並不知道號誌什麼時候會變成綠色的！因此，當轉為綠色時你就等候著。不久信號變成黃色，再來是紅色，然後又是下一個綠色。此時再開始過十字路口，絕無可能在你尚未通過時就改變的信號！」

的確如此，當時我頗為吃驚，之後連試了好幾次，真是非常有趣。那些在綠色燈誌就要消失，而黃色燈誌即將亮起之際慌忙越過的人，看來簡直愚蠢。我呢，則是悠哉悠哉地，還是綠色、就要是黃色了、變紅色了、直到下一個綠色才通過，才知道真的可以很優閒地越過十字路口。

雖然我像是在大放厥詞，但並不是每一次都等到下一個綠色號誌才通過。雖然我有時也在綠色燈號一亮便越過馬路，但仍希望諸位能試一次看看。

如果燈號是綠色的，等它變成黃、紅，到下一個綠色燈誌時才通過，的確可以閑適的心情渡過紅綠燈。

如果人們都能以這樣的心情過紅綠燈，則毫無疑問的，交通事故的發生率可以減少幾個百分比。也都能以相當優閒的心情通過十字路口。

我們的人生中的確有非常多非急不可的事。可是，只要能在那時稍做數秒鐘的忍耐，你會想到，在人生中可曾有過如此優閒的一段時間嗎？當然在開車的時候可千萬不能這麼做。

我曾經如此做而被申斥了一頓。啊！綠燈亮了，我把車子停了下來，結果後面的卡車司機叫：「怎麼回事！」我說：「綠燈了！」那人便大罵：「混帳！就是因為綠燈才要通過啊！」

從此之後，只要是開車的時候，我也一定在綠燈亮時通過。如果是徒步，則在綠燈亮時我便停下來，等待下一個綠燈了才走過去。雖是非常通俗的例子，不也是在我們忙碌的人生中，一個理想的人類生活方式的目標之一嗎？

計畫慎重，行動敏捷，是成功的先決條件。但過於急躁，或好高騖遠，卻常常忽略了身旁的機會，而徒留失之交臂的遺憾。

# 100. 心存「今日即最後」

虛實不分，苦惱叢生。
——《大莊嚴論經》第十五

世人要有自知之明，自身有多少份量，應該比誰都清楚，千萬不要自我膨脹，或高估自己，這樣會誤人誤己，不是開玩笑，還有虛實不分，把虛當作實，或誤以實為虛，也是混蛋一個，希望學佛的人自己警惕。

有某個宗派對「臨命終時」這四個字非常重視。這是什麼意思呢？即是，若能抱持著「今日即最後」的想法，則人類就會變得非常努力。如果認為還有明日，還有來年，還有大後年的話，其一生絕無可能真正的努力。「臨命終時」四個字所說的正是這個意義。

有句話是「一生一會」。當你想到今日在一起的人，將來根本不知是否仍有再聚的機會時，不是就會真的對其人誠心誠意，極力與之相處嗎？

例如，今天為工作的關係而有緣相處的人，說不定明天就調到其它的公司去了。或者更糟的是，可能因為交通事故而喪生也說不定。這麼一想，對於現在處在一塊兒的人，盡力地與其交往，不就是一件相當重要的事嗎？

這或許有些難，但有句話說：「修成人身難，現在立刻修。」自己做為人類而出生，該如何有效去利用這個事實呢？這不正是我們必須仔細思考的問題嗎？

這麼說諸位是否真的相信，但是，倒有所謂的「輪迴」之說。由於自己所做過的事，說不定將來就可能變成其它的動物而誕生。

不管如何，我現在是生而為人。而且不只如此，雖是奇怪的比喻，但是人類卻是好幾億的精子中唯一的一個達到卵所在處，與其結合而產生的。

在此意義上，今天我能生而為人類是一件多麼不容易的事。只要能明白這一點，則生而為人的我們，對於每一天，以及所相處的每一個人，究竟要抱持何種態度，怎麼去做，相信諸位都充分地理解了。

有首歌是這麼說的——

值得感謝，今天又讓我活了一天

我覺得是一首相當有意義的歌。真能心存感謝接受今天的人，到明天仍是會心存感謝，自己又活過了一天。

亦即，我們一面品味著身為人類的喜悅，一方面也能懷著今日即是最後的心態，便能發揮全力去生活。

在小孩子之間流行著這麼一番話：「爸爸，媽媽！我不曾記得去求過誰要你們把我生下來呀！是你們自做主張把我生下來的不是嗎？反正要生，為什麼不把我生得漂亮些、聰明些呢？」

這時候會這麼回答他們：「做雙親的也拚命努力，想要把你們生得好一些，可惜卻只能做到這個程度，但是又想，這或許也是什麼緣吧！所以，也就拚命努力去撫育你們了。」

可是這麼一說，便引來了親子間的爭吵。到底仍要心存萬分感謝之心來看待自己生而為人，方才可以體會到生而為人的喜悅。

而且，在每日每日的生活中，即使今天是我生而為人的最後一天，在今天一天之中，我也絕對不會採用會使我後悔的生存方式，我所要說的「今日即最後」的意義便在於此。如果能實踐一種懷抱著「今日即最後」的生活方式，即使到了明天，仍舊會心存「今日即最後」而生存下去。

# 101. 莫講究吉凶應追求實際

——苦難成就逆增上緣。
《大方便佛報恩經》第五

現在在台灣一年之間約有十萬對人結婚。十萬對新人當然就是二十萬人了。不過當然每一年都有增有減。

這十萬對新人到底是在哪裡結婚的呢？根據統計，令人吃驚的，其中百分之九十以上是在神的面前結婚，亦即佛、道教的諸神、佛面前結婚。而且這之中大部分的結婚儀式是選在所謂的黃道吉日。

與其相對的，如果是選在佛滅日結婚，將來一定會招致不幸，所以，絕大多數的人都會避開佛滅日。所謂的佛滅日指的是佛去世之日，而不管佛陀如何偉大，難道不曾發現每六天就死一次也太無聊了嗎！

總之，國人對真正的宗教，或是對信仰都無甚關心，奇怪的是，卻相當地講求吉凶之兆。

我們常說：「今天茶柱立起來是個好運兆。」可別說笑話了，如果說茶柱立起來就是吉兆的話，最便宜的茶葉中有一種莖茶，只要買來莖茶一沖泡，立起來的茶柱怕不只十根、二十根。把這些立起來的茶柱用鑷子或什麼的夾起來，每次客人來時就放一根在茶裡頭，然後客人不就會很高興的說：「一去那裡，便給我好運兆的茶喝」了嗎？其講究吉凶到幾乎令人想對他說出這麼一番諷刺的程度。

距今約三十多年前，在那一年所謂的丙午年間出生的小孩，較之前年及後年顯著地減少。我說：「就那麼迷信嗎？」對方的回答是：「我並不怎麼相信，只是父親、母親、祖父、祖母全不喜歡。」「別開玩笑了，是你要生孩子可不是他們，你的自主性消失到哪兒去了？」

我時常跟現在的年輕人說：「你們啊！結婚的時候就選佛滅日好了！」他們總回答：「少開玩笑了！一點也不吉利。」

然而，在佛滅日結婚卻有二個很大的好處。現在只要是在佛滅日結婚，則不管是何種形式的結婚服務行業，大概會打個八到九折，而且因為結婚的人少，不管是什麼項目、什麼地點都是百分之百周到的服務。

在台灣的社會中，很遺憾的是迷信猖獗，講究各式各樣的吉凶之兆。例如，最好的例子便是天支，即所謂的「子丑寅卯辰巳……」，如果你是子年出生的，不論如何你都會收集非常多的小東西，諸如此類的迷信非常多。其它還有手相、面相、方位、姓名判斷等五花八門、繁不及載。

我並無意指稱這些全部都無科學根據，但是，只為了這樣的事情而忽則喜、忽則憂，為什麼不更認真地思考一下所謂的人生呢？

不要只想到選個黃道吉日就可得到終身幸福，而是必須朝著使自己的結婚生活過得好的方向去努力。台灣據統計民國九十八年離婚率達五成，真叫人憂心忡忡。

如果只為世人所言的風俗習慣所惑，而因此一喜一憂，為何不多擁有一些自主性，靠自己去努力呢？

容我斗膽進言，至少，對認為光講究吉凶之兆就可獲致幸福的人來說，絕對不可能真正地擁有幸福。希望諸位不要在意那些迷信，而相信自己的能力，努力地生活下去。

眼見別人生活幸福，也不必嫉妒或羨慕，那是他（她）的福報因緣，絕不是僥倖或上天的垂憐，重要的是，珍惜當下，今生多種福田。

# 102. 不合時宜的差別待遇

忘我境界，全靠修持。
——《六度集經》第七

佛是開悟的人，也有吃喝的生理慾望和新陳代謝，並不是不食人間煙火的神鬼。

佛陀的智慧所以能殊勝圓滿，斷盡一切苦惱，在於他有極高的禪定功力，進入深沈的禪定時，會忘記外面的一切動靜，也唯有在這種境界裡才能觀照生死的來龍去脈，和宇宙現象的本質。

在現代，世界各國均在呼籲男女平等，然而在所謂的世界宗教中的大部分，甚至是民族宗教或新興宗教，在其教義之中，幾乎都包含有女性差別待遇的內容。這個事實很意外地竟不被知道。

其中特別明顯的是，來自儒教影響的所謂「三從之教」，在台灣，許多人相信這個原因使得女性成佛成為困難的事。

所謂「三從之教」，指的是女性「未嫁從父、既嫁從夫、夫死從子」，一生中一定得遵從某一個人，這種現象，使得成佛前之必要的修行或擁有信仰等，成為一項困難的工作。

當然，十二世紀時所創設的新佛教派，幾乎都主張「女人成佛」，站在認為女性也有成佛可能性的立場，然而到底仍得「變成男子」，亦即必須是在轉生為男子的條件下，而絕非是倡導以女性之身也可成佛的。

叫人吃驚的是，現存的各種佛教宗派，包括新興佛教體系的諸宗派，在此教義上，仍未曾有改變。幾乎令人想疾呼「不要開玩笑！」不是嗎？

而在現實上，現在幾乎已經看不到忠實實踐「三從之教」的女性了，相反的卻成了「三不從之教，也就是未嫁時拂逆父親、嫁後欺壓丈夫、夫死踢開兒子」，這種女性並非少數。

如此一來，女性的權利增加，何止是男女平等，簡直可以看出女尊男卑的傾向了。在這種時代中，如果以往的女性差別立場仍未改變，可以說這就是很大的時代錯誤了，不是嗎？

雖然並無必要說什麼——女性比男性成佛的可能性強，或女性較早得救，甚者，女性成為救濟的對象乃屬正當等，但是至少在此之際，我們有必要重新考慮在成佛、救濟，甚者往生極樂淨土的教義上的性別差別待遇。

在「男子繼承」觀念依然強烈留存的社會上，這種現象並非那麼簡單地可以改變，而且或許亦不能完全無視於各宗教之「根本聖典」中所載的事情，即使如此，對此問題若不能充分地考慮，不久，所有的宗教不都將遭致女性的不理不睬了嗎？

但事實上佛教中尚有所謂的「五障」，認為女性具有五種障礙。其中之一便是「女性絕對不可以成為佛陀」，對於此，我們要再次強調，佛教必須朝適應於現代的教義方向，來一次重生的脫胎換骨。

無論如何，所有的男性毫無例外地全是從女性的肚子裡生出來的，而如今的時代，絕不可能容許「肚子是借來的東西」，這種看似偉大的吹噓存在了。

許多人顛倒妄想，相信邪見還不自知，倘若沒有高人指點，肯定下場悲慘。有些人執迷不悟，替自己的邪知邪見提出辯解，結果得不到真理，迷惑一輩子，成了可憐蟲。聽到人云亦云，或古老傳說，不要馬上相信不疑，先要自己冷靜思考，覺得正確才去落實。

# 103. 寡慾而知足

快種福田莫負人身。
——《雜譬喻經》上

學佛的人要牢記「萬般帶不去，只有業隨身。」不論善業惡業，如影隨行，緊緊跟著我們的生命在輪迴。人生有生之年，宜快種福田，努力造善業，累積功德，才不辜負此生。

人類的慾望是非常強烈的東西，特別是物慾、金錢等，對物質的慾望真是非常的強烈。再深入說，金錢累積得愈多，對金錢愈是吝嗇。例如，在公共募捐或匿名捐款時，不知為什麼，真正會拿出錢來的不是有錢人，反而多的是一些並無多少錢的人們。

以前流行的一個電視廣告是「先有十萬元，今天開始你就是股東」。那些還沒存夠十萬元的人，或許會失望也說不定，然而如果存足十萬元，下一次目標便是二十萬元了。那麼二十萬元就滿足了嗎？答案是不。下次便是五十萬元、一百萬元。也就是說，人類的慾望是沒有止境的。

我們的慾望追求，到底要到何種程度才能滿足呢？每年幾乎都會發生要求提高工資的示威遊行。那麼，是不是只要能得到自己所要求的工資就會高興了呢？答案也未必。

亦即，一開始的三個月可能會很高興地歡呼「太棒了，太棒了，工資提高了」，可是不要半年，又要要求再加一點、再加一點，如此這般，人類的慾望是永無止境的。

那麼，究竟要將工資提高到何種程度才算滿意呢？例如，現在拿二萬元薪水的人，一旦提高到三萬元便滿足了嗎？未必。三萬元的要求四萬元，四萬元的要求五萬元，而且永無止境。

對於名譽的追求也是同樣的情形，所有的人都在追求、追求，而一旦不能如願，又要引以為痛苦了。

而所謂的四苦八苦中的第七種痛苦即是「求不得的苦」。要想滿足我們所有的要求、慾望，很可惜在這世上是不可能的。為什麼呢？

即使一個人獨得了全台灣的東西，仍然不能滿足，只要地球不全部只屬於一個人，那麼首先便無「滿足」這回事。只要我們一天不發現自己無窮的慾望，我們也就一天不能得到幸福。

得到某種程度的金錢，或是以得到某物為目標，即使能夠有某種程度上的滿足，然而在數量上仍是有限的。但是，只要是人類，不管是誰都渴望幸福。而渴望幸福的人，到底要怎麼做才能得到幸福呢？

我想送給諸位的一句話是「寡慾而知足」。再追根究柢的話，即是「我們只知滿足」。這是什麼意思呢？

亦即，愉快地接受今天我所得到的。這麼說可能會招致他人的反駁「少開玩笑了，照你這麼說，不就都沒有進步」。但是，對於真正努力過的人來說，今天所得到的這些，就值得感謝而滿足了。

不夠充分、充實，便說「知足」，或許有些勉強。但是，拚命努力的結果，對於今日所得的一切能否以一種「啊，太感謝了」的心情去接受，足以決定其人是否可能獲得幸福。

「寡慾而知足」這句話，希望大家能充分地領略、玩味。

# 104.「一發必中」瞄準目標

主山高按山低。
——《碧巖錄》五六

「主山高，按山低」，表示要自覺自己的上限，如果在上限之內且不勉強逞能而活著，這個人就有佛的光芒。

雖然有些人平日常說：「我什麼信仰也沒有」或「我是無神論者」等。看似很偉大的話，可是一到正月初一、十五，就會到全國有名的寺廟去參拜。正如一位法師所說的——

「什麼事情全不管，只管誠惶誠恐掉淚珠。」

也不曉得自己要去參拜的寺廟供奉的是何方神聖，就這樣貿然前去。而且一旦去了，多半就會獻上香油錢。

最近聽到一件令人悚然吃驚的事，聽說台灣人每人所獻出的香油錢，平均是六十元。拿這些話去告訴人，多數的人聽了之後會回答：「說什麼笑話！即使再少也絕對會獻上一百元左右。」

但是，那只是外行人的淺見罷了，事實上，如果夫婦一道去，一人出了一百元，另一人就不再出。戀人同行也是一人出了另一人就不出。親子一塊兒去也是同樣的道理。所以平均約六十元左右。

才奉獻六十元這麼一點兒錢，到底要求些什麼呢？答案是一年三百六十五天每一件事都求。例如，請讓我的生意做得更興隆！請讓外子早些升任總經理！我家裡尚有個待字閨中的女兒，無論如何讓她今年碰到對象……等等，所有的事都拜託，卻只出六十元。而且，更嚴重的是「今天還有一些時間，待會兒回去時順便再到這兒、那兒拜拜」，等到初一拜神時，更是沒完沒了，這家求完了換那家。

這種想法便是所謂的「再笨的砲手，連發數擊也會中」。眾多的神佛都求過拜過，那麼多神明中總會有一個保佑我吧！

連自己所參拜的神、佛的名字都不知道，就十元或百元、千元左右的香油錢拿出來奉獻，即使只有一次，只要真能治好病倒也還算便宜，只是奉獻了香油錢後，到底能有多大效果呢？

而往深處考慮一下，國人初一、十五或新春參佛拜神，並非真的有什麼信仰。

如果是女性，無非是覺得，好不容易才做好的新衣服，趁著機會，至少也穿著衣服到處秀一下。或是覺得，在一年新春之際，能到某處參拜一下，精神上會比較清爽罷了。

但是，即使如此，人們還是「再笨的砲手連發數擊也會中」式的隨心所欲地年年改變參拜的去處，或並不是平常習慣去的寺廟，而是一年只去參拜那麼一次，這不是不太好嗎？

至少，弄清楚自己要去參拜的神佛是怎麼樣的神佛？以及為什麼要去參拜的理由，這才應該嘛！

如果不是這麼做，則在現實的社會中，結果不是形成了一種模稜兩可、敷衍了事的生存方式嗎？不可以是「再笨的砲手連發數擊也會中」的心態，而是要努力瞄準目標，絲毫不差地一發即中。

法國的哲學家摩迪紐說：「高貴的精神是不會只留在自己的內心裡的；它應該會隨時都積極地朝自己的能力之上的境界不斷地前進。」

捨棄沈溺滿足現狀的心態，人生應該不斷地朝更上一層樓的境界，積極奮鬥。

# 105.「自助本願」的生存之道

要追趕工作，不要被工作追趕。——富蘭克林

經常聽到別人神氣活現的說：「好忙，等待我去處理的工作有一大堆。」乍聽之下，似乎忙得令人感動，實際上卻不值得苟同。

自古便有一句人們常掛在嘴邊的話「平時不燒香臨時抱佛腳」。平常並不如何殷勤地參神拜佛，可是一旦家中有人生病，或是明天有就業考試，或是明天有什麼非做不可的大事，只要是困擾或痛苦時，便急急忙忙地四處參神拜佛。

可是，若將痛苦時拜的神明換成是佛，又完全不覺得有啥差別、妨礙。而到處求，到處拜，卻全然不見效時，又要放下「這世上真有什麼神啊佛啊」的狠話來。

這種對神，對佛完全亂七八糟的看法，幾乎要惹得佛祖說出：「你說的什麼話呀！你呢！一開始就專拜託那些痛苦時求的神，到頭來再把責任往我身上推，我可沒法子啊！」求得各種的護身符，便以為有了那些，總該有些好處。

以前便有過一些人把許許多多的護身符掛在車子的擋風玻璃下，以為有了仗恃

便不肯好好注視前方而發生車禍的。人們就是這麼迷信地到處求神拜佛，叫人忍不住要諷刺一句：「發生了這種事，你自己大概也不知道要把責任歸咎給誰好。」

哦……是這樣啊！「那麼閣下的信仰是？」我的回答是：「我是無神論者，什麼神啊佛的一概不信。」

當然，信仰是個人的問題，並沒有人規定一定要信仰某個教。

但是，從臨時抱佛腳這件事來看，我們並非無神論者，而是知論者，亦即神、佛區別不清的所謂宗教無知，只在發生事情時才求神拜佛的人種。

例如，明天就是大學聯考了，在此緊要關頭才趕去求文昌大帝，「無論如何保佑我猜題對」「無論如何讓我金榜提名」等。但是，求的人多，錄取的卻有限。

如此一來，那些神明佛祖們，到底是基於什麼原則，讓哪些人榜上有名？又讓哪些人名落孫山呢？

被問得緊了，便說：「胡說，只要拚命參拜，會如願的。」若是真的，又何必讀什麼書呢？只要每天不懈怠地參拜不就成了嗎？

也有些人以為，多捐些香油錢就萬事如意，真是這樣就更不成問題了。現在則有種說法是，只要往機關後門親自多送些錢去就可以如願，真是個奇怪的社會。不論是哪種情形，不都反映出我們那種過度而無章的「臨時抱佛腳」的心理嗎？

然而，人們並不認為護身符是沒有用的，為什麼呢？

帶著護身符而沒發生任何意外，便以為是「啊！多虧這個護身符才平安無事」，或是即使發生了事故，也認為「啊，還好有這護身符，才能身體無恙」。到底受傷了，仍是「啊，總算保住一命」。要真的死了，卻也已經沒辦法向陽世說：「不是已經求你保佑了嗎？怎麼終於還是死了呢！」

正因為如此，即使仍不認為護身符全然無效，但是，首先也要能充分發揮自己本身的實力不是嗎？

特別是，如果真是那麼想要求神拜佛，至少先弄清楚是哪位神，哪尊佛，單獨一個神，還是一群佛，而經常地前往參拜不是比較好嗎？

學佛能夠領悟出世間法，也是思想上的一大突破，且對人生觀有正面與肯定的價值，若僅以今生今世的眼光衡量世事，未免太狹窄。

# 106.「無常觀」的積極人生

心不安，不知正確之真理，信心難確立。
——《法句經》三八

一個人應該絕對相信的是，不要把事情看得太嚴重。

無量壽經裡寫著「愛寶重貪，獨自心勞身苦，如此至竟而死，任何財寶，都無恃怙。獨來獨往，無一跟從我，此善惡禍福，隨命產生」。

「獨來獨往」意味我們出生和死亡都是孤獨一人，表示生命脆弱。確實「不久之後」，我們便躺在地上的命運。

一首有名的歌是這麼唱的——

雖被憎惡而無意戀世，強如被愛而死。

事實上在我們年輕的時候，如果被問到：「你想活多久呢？」

我的回答是：「當我年老時，與其遭人非議『哎呀！那傢伙為什麼不早些走了呢？』『喲，那傢伙還活著啊！』寧願讓人感嘆：『真可惜那人去世了，真希望他能再活久一點！』而死去。」

以前人們說「人生六十年」，只要能活到六十歲就被認為夠長了。然而就現實的問題來看，現在一旦活過六十歲，就不覺得活到六十歲便滿意了。

人類究竟是活到幾歲才會覺得滿足呢？一開始的說法可能是：「至少得活到孩子們都長大成人，可以獨當一面為止。」

實際上，等到孩子都長大成人了，說法就會變成：「至少得看到孫子一面。」不久，第一個孫子的臉也看到了，馬上又：「至少得這個孫子上幼稚園」，或「至少等上了小學」，然後一步一步上升，「至少等這個孫子娶了媳婦」，「至少讓我看到曾孫的臉」……等等，不論如何，人類的慾望是無止境的。

然而，遺憾的是，正如「花無百日好」俗諺所說的，這世界上沒有一件東西是屬於永恆的。雖然我們通常稱這種現象為「無常」，可是，一般人只要談到無常，就都以「啊，我也是不知在何時就非死不可」的悲觀看法來看待它，以為這就是所謂的無常觀。

其實並非如此。雖說人之既生便終究必有一死，然而究竟如何做，才能在這非死不可的人生中生活下去呢？當你能這麼地思考下去，事實上，就是所謂的無常觀了。

四苦八苦中的第七種苦「求不得苦」當中也包含了年齡問題。亦即，到底我們要活到多久才好呢？人們大約總是說「活到今年就夠了！」或「無所謂，反正要來的就來！」等等看似偉大的說法，可惜的是並無所謂「到此即好」的年齡。

我們總是活得愈久，相反地慾望就更高漲，而老想再活久一點，再活久一點。古時候，人們求長生不老而發明許多藥，這種治療法好、那種治療法好等的研究，便足以證明人類想永生的慾望。

可是，重要的不是想活到什麼時候，而是不論活了多久，自己究竟要活出怎樣的人生呢，這才是重要的不是嗎？

一般人總是抱持著即使只有一日也希望活得更長的心態，只是，如果單單只是活得長，又會成為什麼樣子呢？

如若仍是活得長，則單就「活著」的意義，便得生存下去不是嗎？希望讀者能再一次好好思考一下。

# 107. 認識真實

過去之世，未來之世，及今之世，
皆無吾所有，亦不須執著。
——《法句經》四二一

釋尊說：「生命彷彿花果的成熟，常常擔心零落；只要出生就要受苦，而且誰都會死亡。最先始自一片愛念，寄寓在胎內；生命猶如一道閃電，晝夜流轉不息。此身為死物，心是無形之法，或死或復生，罪福一直在相隨。因果不是一世的事，它來自於痴愛不斷地承受苦樂，身軀雖然死了，精神都持續著。」

所謂「無心」，就是天真無邪的自然狀態。所謂自然，是順應因緣的法則狀態。自然生存被賦存，順應因緣的生活態度為無心的生活態度。

我們依靠觀看體驗而了解事實。例如，不將插在桌上花瓶裡的菊花，看成梅花或玫瑰花，正確辨其為菊花，就是認識真實。

在舉行葬禮或法事之際，常會有僧侶們誦讀經典，而熱心的佛教徒，即使在現在也是朝夕面對著佛壇誦讀經典，可是到底誦經的意義在哪裡呢？

很可惜的是，我想大部分的僧侶或佛教信徒們，根本不曾充分理解過佛教經典的內容．

甚至，即使是佛教專門家的僧侶們，也並非思量過其意義而誦經的。當然，在成為僧侶的修行期間，對自己所屬宗派的聖典，照理都至少得充分研習其內容之後才成，事實上，在佛前或菩薩前誦讀的時候，往往只是習慣地以一種獨特的調子在誦讀，而不曾玩味過其內容的。

那麼，在經典之中究竟寫些什麼呢？而誦經一事在宗教上的意義又是什麼呢？一般人所說的「經」，正確來說應該是「佛教經典」的總稱，其中當然有真正不折不扣的經典，而大部分均為後代所著。

「經」乃佛祖釋迦牟尼佛直接闡述其教義，在釋迦死後由弟子們書寫傳下的。亦即「誦經」的行為，是為了藉著反覆在口中誦讀著釋迦的教義而將內容記憶下來，然後在日常生活中加以實踐，而不是為了供養信仰的對象或死者。

但是，現在的情況是，根本不了解其內容的意義，而當做一種儀式般地行使著，倒變成了只是在強調供養的意義，漸漸地，便演變成藉著祈冥福舉行法會行「誦讀的功德」，以「讓死者成佛」這種根深蒂固的想法。

也許在古代，大部分的人，即使是對於儀式上用的經典，總會有某程度的了解其內容之後，再一邊聽或一邊誦讀，可是以後就漸漸地不明白其含義，而單單是習慣性的誦讀了。

為了表示對死者的供養，請一些專門的僧侶們來誦經已成為必要的儀式，這種觀念在社會上普遍地流行著。

即使是那些在人世時對佛教全然不關心的人的葬禮或法事，人們也相信，唯有請僧侶來誦經是絕對不可或缺的一件事。

事實上，如前所述，經典的內容正是佛教的教義，所以，非聽不可的應該是尚在人世的眾人吧！因此，在南方佛教國裡，僧侶誦經的時候，不是面向著死者，而是面向著參拜的人們，這正顯示了原本的說法。

當然，為了使信徒們容易明白經典的意義，有所謂的「說教」，說教的時候乃是面對著聽眾，這也表示出經典原是為生者而存在的。

問題所在是，經典有各式各樣的種類，宗派不同其所用的經典也不一樣。那是因為釋迦佛是視其說教對象的理解程度和能力而說教，而並非許多的教義。因此，最重要的是能遇上一本最適合自己說教的經典。

佛陀正是偉大的心理醫生，為了救濟早已失去本性，正在煩惱的芸芸眾生，便屢次運用方便善巧來顯示涅槃，在弘法期間，他為了接引迷妄的無量眾生，不時活用各種方便，會把生說成死，這不能說他是虛偽或撒謊。

人生是無常的，凡是生物，必然在某個時候便非死不可，這是每個人都知道的事。但是，人的成長和老化的速度相當慢，很難注意到人生無常的事實，總以為自己能永遠年輕、健康地渡過每一日。

人在一生之中會遇到無數次的離別，飽嘗無數次離別之苦；但有時雖然憂慮離別的到來，但一直到離別之時，卻反而大鬆一口氣，覺得離別也不是件太嚴重的事情。但是，死確實是最令人黯然神傷者。對一個垂死的人來說，要與家人、朋友或其他所有的一切辭別，是多麼的令人心痛啊！

# 108. 莫害怕失去而恐懼

既非永久物，何必執著它？
——《修行道地經》第四

學佛的人要牢記「萬般帶不去，只有業隨身。」不論善業惡業，如影隨行，緊緊跟著自己的生命在輪迴。人在有生之年，宜快種福田，努力造善業，累積功德，才不辜負難得的人身。

阿育王皈依佛教以前，曾率兵攻打鄰國，開疆擴土，目睹戰況悲慘，造下許多殺業，但也從此領悟佛教的旨趣，才放下屠刀，極力護法，建造功德，希望藉此沖淡或轉化自己的惡業。所以，他在臨死之前，仍然會念念不忘建造佛寺和佛塔，落實菩提心，應該可以當做佛教徒的榜樣。

不論時代怎麼進步，好像眼前是文化進展日新月異的時代，而人們執愛金錢的程度照樣非常強烈，它誘惑世人的程度，沒有任何東西能夠比擬，世人不惜損毀寶貴的名望，甚至為它放棄生命，也心甘情願，這些全是拜金主義的反映，但是，執迷錢財十分可怕，千萬不要誤信黃金為萬能……。

古人說「有錢能使鬼推磨」，有人存著這想法，認為到了陰間仍通用陽世的錢，說那可是渡三途的過河費而把錢帶進棺材裡。大體來說，不論累積了多少財富，都絕不可能帶往陰間去。

亦即，要不我們就把屯積的財產花光再死，否則留給子孫也只是播下子孫們不睦之因罷了。

看看你的周遭吧！父母死後兄弟吵架的原因，不外乎就是金錢。如果什麼都沒有，也就沒有什麼好分的，當然便沒有吵架的理由。就是這個道理，才奉勸諸位不要留下財產。

事實上，即使跟那些擁有財產的人說「不要留下來吧！」也是相當勉強。為什麼呢？「如果我能預知自己會在何年何月何日死，倒有可能在這之前趕快把財產用光，問題是我根本不知道我會在哪一天死，哪裡有道理把它們都花光呢？」

但是，諸位如果獨自一人踽踽獨行於暗夜小路時，如果此時懷中抱著一大把鈔票，相信一定是步步驚心吧！會有那個惡人跟隨而來吧？會被強盜抓住吧？之所以會這麼想，完全是因為帶著可能被取走的東西。

相反的，如果什麼也沒帶就很輕鬆了，可以一邊哼著歌，微醺般地漫步著。那是因為什麼都沒有，也就沒什麼好怕的。

亦即，對我們來說，空無一物反而可以無所恐懼。火災之所以可怕，地震之所以可怕，強盜之所以可怕，難道不是因為我們擁有可能被燒、被破壞、被取走之物嗎？

《般若心經》是國內諸多宗派所誦讀的經典，其中曾經記載著一段話：「人類的恐懼只有在所有一切都不存在的狀態下，才能獲得真正的徹悟。」

老實說，我們的恐懼，其實是害怕失去所擁有的東西。就此意義來看，最恐懼的是什麼呢？無非是怕丟了自己的性命。

難道不是嗎？

人們常說：「要我做什麼都可以，要我拿出什麼都可以，只要不傷害我的性命！」因為不論擁有多少的財產、屯積了多少錢財，如果命沒了，就什麼都派不上用場了。

一旦失去了性命，再怎麼做都拿不回金錢了。所以說，沒有任何事比死更可怕了。

再者，世界上什麼是最可愛的呢？許多人會說：「那個可愛！」「這個可愛！」「年輕小姐可愛！」「小孩可愛！」事實上最可愛的仍是自己。因為自己存在，所以小孩、戀人都可愛。

君不見在剛去世那一刻，抱著屍體「為什麼死的是你，為什麼死的不是我！」滿口看似偉大的話，可是一過了四十九日或百日之後，便又張著大口哈哈笑著猛啃饅頭。

這麼一想，對我們而言最要緊的仍是我們自己的性命。其次才是金錢、財產、名譽。如果不在心中先弄清楚孰輕孰重，說不定就會把那些不值得的東西看得比生命還重了。

朱熹說：「夫子亦將貧對樂，只因人苦處貧難。苟非天理能持敬，只向私心重處安。」有錢時，不要忘記無錢苦，可永保不窮。得意時，不要忘記失意苦，可永保快樂。

國家圖書館出版品預行編目資料

佛心轉境得正見／普玄智主編
－初版1刷－臺北市，大展，民99.09
面；21公分－（心靈雅集；72）
ISBN 978-957-468-767-1（平裝）
1.佛教修持　2.生活指導

225.87　　99012724



# 佛心轉境得正見

主　　編／普　玄　智
發 行 人／蔡　森　明
出 版 者／大展出版社有限公司
社　　址／台北市北投區（石牌）致遠一路2段12巷1號
電　　話／(02) 28236031・28236033・28233123
傳　　真／(02) 28272069
郵政劃撥／01669551
網　　址／www.dah-jaan.com.tw
E-mail／service@dah-jaan.com.tw
登 記 證／局版臺業字第2171號
承 印 者／國順文具印刷行
裝　　訂／建鑫裝訂有限公司
排 版 者／千兵企業有限公司
初版1刷／2010年（民 99年）9 月
初版2刷／2011年（民100年）2 月
定價／250元

大展好書　好書大展
品嘗好書　冠群可期

大展好書　好書大展
品嘗好書　冠群可期